Bjerg | Auerhaus

Lektüreschlüssel XL

für Schülerinnen und Schüler

Dieses Buch wurde klimaneutral gedruckt.

Alle CO_2-Emissionen, die beim Druckprozess unvermeidbar entstanden sind, haben wir durch ein Klimaschutzprojekt ausgeglichen.

Nähere Informationen finden Sie hier:

Klimaneutral
Druckprodukt
ClimatePartner.com/14058-1912-1001

Bov Bjerg

Auerhaus

Von Eva-Maria Scholz

Reclam

Dieser Lektüreschlüssel bezieht sich auf folgende Textausgabe:
Bov Bjerg: *Auerhaus*. Berlin: Aufbau Verlag, 2017.

Lektüreschlüssel XL | Nr. 15488
2018 Philipp Reclam jun. GmbH & Co. KG,
Siemensstraße 32, 71254 Ditzingen
Druck und Bindung: Eberl & Koesel GmbH & Co. KG,
Am Buchweg 1, 87452 Altusried-Krugzell
Printed in Germany 2021
RECLAM ist eine eingetragene Marke
der Philipp Reclam jun. GmbH & Co. KG, Stuttgart
ISBN 978-3-15-015488-5

Auch als E-Book erhältlich

www.reclam.de

Inhalt

1. Schnelleinstieg

Autor	Bov Bjerg (bürgerlicher Name: Rolf Böttcher), 1965 in Heiningen geboren, deutscher Schriftsteller und Kabarettist
Erscheinungsjahr	2015
Gattung	Roman
Handlung	Vier Freunde gründen in einem leerstehenden Bauernhaus eine WG, da einer von ihnen, Frieder, versucht hat, sich umzubringen und nun nicht mehr bei seinen Eltern wohnen soll. Gemeinsam meistern sie ihren Alltag – einige weniger alltägliche Situationen eingeschlossen. Im Laufe der Handlung kommen noch zwei weitere Mitbewohner dazu.
Zeit	Späte 1980er Jahre, die Handlung umfasst einen Zeitraum von ca. eineinhalb Jahren
Ort	ein kleines Dorf in Süddeutschland in der Nähe von Stuttgart und die Großstadt Berlin

Aus »Our House« wird Auerhaus

»Am Abend saßen wir zum ersten Mal um den Küchentisch. Im Recorder lief die einzige Kassette, die wir gerade parat hatten. […] Auf einmal stand der alte Seidel in der Tür, der Bauer von gegenüber. Er guckte ziemlich mürrisch. Er hielt eine Axt in den Händen. Frieder drehte die Musik leiser. […] Im Re-

> corder lief ein Song, der hieß ›Our House‹. Frieder sagte: ›Die hat mein Vater schon gesucht.‹ Der Seidel horchte. Dann sagte er: ›Auerhaus, aha. Auerochse, Auerhaus.‹« (S. 57 f.)

Gleich am ersten Abend, den Frieder, Vera, Cäcilia und Höppner (der Ich-Erzähler) gemeinsam als WG verbringen, erhält das alte Bauernhaus, das einst Frieders Großvater gehört hatte, durch einen Zufall seinen Namen: Der alte Nachbar, der des Englischen nicht mächtig ist, versteht statt »Our House« »Auerhaus«, wie »Auerochse«, und tauft somit sowohl die Wohngemeinschaft als auch den Roman.

■ Schüler-WG auf dem Land

Bov Bjergs Roman *Auerhaus* aus dem Jahr 2015 erzählt die Geschichte einer Schüler-WG, die gegründet wurde, um einem von ihnen, Frieder, das Leben zu retten. Im Auerhaus soll Frieder nach seinem Selbstmordversuch wieder ins Leben zurückfinden. Die gewählte Therapie: Federball spielen, Wein trinken, rauchen und reden, reden, reden.

■ Freundschaft und Solidarität

In einem Interview nach dem Hauptthema des Romans befragt, antwortet Bjerg: »Freundschaft. Und vielleicht allgemeine Solidarität.«[1] Viel Verantwortung lastet auf den Freunden, die jedes Mal, wenn Frieder nicht in der Schule auftaucht, Sorge haben, er

1 Bov Bjerg im Gespräch mit Ute Wegmann: »Warum jemand versucht, sich das Leben zu nehmen, ist schwer zu sagen«, *Deutschlandfunk*, 20. 2. 2016. (www. deutschlandfunk. de/autor-bov-bjerg-warum-jemand-versucht-sich-das-leben-zu.1202.de html?dram:article_id=346229)

könnte sich zuhause etwas angetan haben. Dennoch stellen sie sich dieser Verantwortung wie selbstverständlich. Auch die beiden später hinzukommenden Mitbewohner Harry und Pauline sind auf Solidarität und Freundschaft, auf einen Zufluchtsort, an dem jeder willkommen ist, angewiesen.

Vielfältige Identifikationsmöglichkeiten

Nach seinem Debut *Deadline* aus dem Jahr 2008 ist *Auerhaus* Bjergs zweiter Roman und machte ihn quasi über Nacht berühmt. Der Autor erklärt sich die Beliebtheit des Romans mit den vielseitigen Identifikationsmöglichkeiten für den Leser:

> »›Sowohl die Reaktion von Leuten, die nach Lesungen zu mir kommen, als auch die professionelle Kritik ist ja durchaus vielfältig.‹ Für die einen seien es die 1980er-Jahre, für andere die Erinnerung an eigene WG-Zeiten. ›Wieder andere haben sich mit dem Thema Depressionen und Suizid beschäftigen müssen und finden ihn daher interessant. Also, jeder findet irgendwas anderes.‹«[2]

2 Bov Bjerg im Gespräch mit Frank Meyer: »Warum lieben alle Auerhaus?«, *Deutschlandfunk Kultur*, 9. 2. 2016. (www.deutschlandfunkkultur.de/ueberraschungsbestseller-warum-lieben-alle-auerhaus.1270.de.html?dram:article_id=345051)

2. Inhaltsangabe

Kapitel 1

Was jeder von Frieder wissen sollte

Das erste, nur zweieinhalb Seiten umfassende Kapitel lässt den Leser in einer Art Momentaufnahme Bekanntschaft mit drei der Hauptfiguren schließen. Es erzählt die kurze, eigentlich zu einem späteren Zeitpunkt in der Handlung stattfindende Episode, wie der Ich-Erzähler Höppner und seine Freundin Vera ihren Freund Frieder lachend vor der Tür ihres gemeinsamen Hauses im Schnee vorfinden und entdecken, dass dieser gerade den großen Weihnachtsbaum auf dem Dorfplatz gefällt hat. »Das war nicht der Anfang der Geschichte, und das war nicht das Ende. [...] Aber das war das, was jeder von Frieder wissen sollte« (S. 9) – so begründet der Erzähler seine Wahl, die Geschichte mit diesem Ereignis am Weihnachtsabend begonnen zu haben.

Kapitel 2

Das zweite Kapitel umfasst knapp 200 Seiten (S. 11–207) und somit den Hauptteil der Romanhandlung. Immer wieder wird es durch mit Sternchen markierte Absätze in kürzere Abschnitte aufgeteilt – die Gliederung der Inhaltsangabe folgt diesen Unterteilungen.

Abschnitt 1 (S. 11–22): Im ersten Abschnitt berichtet der Erzähler (Höppner) davon, wie er von Frieders Selbstmordversuch erfahren hat und was sich im Vorfeld in seinem eigenen Leben ereignet hat. Dies verknüpft er mit einigen Hintergrundinformationen über seine Familie, die wiederum begründen, warum er just in diesen Tagen nicht zuhause war. Der Leser erfährt, dass Höppner immer mal wieder für einige Zeit von Zuhause verschwindet, wenn er es mit dem Freund seiner Mutter, genannt F2M2 (»Fiese[r] Freund Meiner Mutter«, (S. 11)), nicht mehr aushält. Obwohl Höppner ständig vom Freund der Mutter schikaniert und beleidigt wird, muss er ihm regelmäßig bei dessen Umbauarbeiten im Haus helfen. Als dieser beim gemeinsamen Tapezieren ankündigt, am nächsten Tag im Flur eine Zwischendecke einziehen zu wollen, ist das das Stichwort: Höppner und seine Freundin Vera setzen sich für ein paar Tage nach Berlin ab. Er ist zum ersten Mal in Berlin, dennoch steht für ihn schon fest, dass er nach dem Abitur dort hinziehen möchte. Grund dafür ist, dass damals Männer, die in Berlin wohnhaft waren, keinen Wehrdienst leisten mussten.

■ Flucht nach Berlin

In Berlin schauen sich Höppner und Vera das Univiertel an, gehen »Wohnung suchen üben« (S. 15) und trampen schließlich mit einem Lastwagenfahrer wieder nach Hause, der sie dank Veras Charmeoffensiven direkt vor der Schule absetzt.

Im Unterricht bemerkt Höppner das Fehlen seines besten Freundes Frieder. Auch wundert er sich darüber, dass der Deutschlehrer »Dr. Turnschuh« nicht auf sein offensichtliches Schwänzen reagiert, als er nach mehreren Tagen Abwesenheit in das Klassen-

■ Frieder fehlt

Hinreichende Gründe für Selbstmord?

zimmer geschlappt kommt. Zunehmend beschleicht ihn das Gefühl, dass etwas anders ist als sonst. »Irgendwas war hier faul« (S. 21), beobachtet der Erzähler, als keiner seiner Mitschüler auf die Frage des Lehrers reagiert, »[o]b es denn für Selbstmord [...] irgendeinen guten Grund geben könne« (ebd.). Dr. Turnschuh bezieht die Frage zwar auf den Selbstmord von Goethes Romanfigur Werther, das betretene Schweigen der Klasse resultiert aber aus Frieders Selbstmordversuch, von dem Höppner bislang nichts weiß. Erst als Cäcilia, eine Mitschülerin, zu weinen beginnt, wird ihm klar, dass etwas passiert sein muss.

Besuch in der Psychiatrie

Abschnitt 2 (S. 23–30): Von seiner Mutter erfährt Höppner, dass Frieder in der Psychiatrie, dem »Schwarzen Holz« (S. 23), untergebracht worden ist. Als er Frieder dort besucht, erschrickt er über dessen Erscheinung: »Er kam langsam auf mich zu, ganz steif, die Arme hingen schwer an den Seiten runter, die Hausschuhe schleiften über den Boden. Sie haben ihm einen Stock in den Arsch geschoben, [...]. Einen Stock bis hoch ins Hirn« (S. 26). Der Erzähler traut sich zunächst nicht, Frieder nach dem Grund seines Suizidversuchs zu fragen. Er erinnert sich zurück an die Deutschstunde am Morgen und sinniert über hinreichende Gründe dafür, nicht mehr leben zu wollen (vgl. S. 28). Frieder nimmt seinem Freund die schwierige Frage ab und unterbricht das Schweigen, indem er ihn zu dem antizipierten Kommentar auffordert: »Jetzt sag schon [...] »Waßß machßßt du denn für eine Scheißße?« (ebd.). Frieders Antwort darauf lautet dann aber schlicht »Ich weiß auch nicht« (ebd.). Stattdessen stellt er fest, dass er fast gestorben wäre, ohne je mit einer Frau geschlafen zu haben. Höppner ist peinlich berührt, denn obwohl er eine Freundin hat, hatte er auch noch nie Sex. Dies ist aber ein Thema, über das er mit Frieder trotz ihrer guten Freundschaft bislang nicht gesprochen hat.

Der Leser erfährt zum Schluss dieses Abschnittes, dass Frieder versucht hat, sich mit einer Überdosis Schlaftabletten in Kombination mit zwei Litern Wein umzubringen. Sein Überleben ist dem Zufall zu verdanken, dass sein Vater ihn auf der Suche nach seiner Axt bewusstlos im Keller vorgefunden hat.

■ Schlaftabletten und Imiglykos

Abschnitt 3 (S. 31–35): Der dritte Abschnitt des zweiten Kapitels dreht sich um den Nebenjob des Erzählers. Er jobbt auf einer Hühnerfarm und nennt sich selbst deshalb »Höppner Hühnerknecht« (S. 31). Seine Aufgabe dort besteht darin, Hühner für den Transport zum Schlachthof in Kisten zu packen. Der Schichtleiter, der seinen Wehrdienst im Gegensatz zu Höppner schon abgeleistet hat, beschreibt seine Zeit bei der Bundeswehr als »Scheiße. Totale Scheiße. Nur Idioten« (S. 34). Höppner beschließt, seine Ladung zur Musterung erst einmal zu ignorieren. »Rumzuballern und durch den Dreck zu kriechen und dauernd nach der Pfeife von irgendwelchen Spezial-Schwachmaten zu tanzen, das war nicht mein Fall« (S. 32).

■ Hühnerfarm

■ »Spezial-Schwachmaten« bei der Bundeswehr

Erster Ausflug in die Außenwelt

Abschnitt 4 (S. 36–47): Der vierte Abschnitt erzählt von den Besuchen Höppners in der Psychiatrie und dem ersten Spaziergang, den er mit Frieder außerhalb der geschlossenen Abteilung der Klinik machen darf. Wie viel Zeit genau seit Frieders Suizidversuch vergangen ist, bleibt unklar, der Hinweis Höppners, dass es »schon Herbst [war], als Frieder die Station zum ersten Mal verlassen durfte« (S. 38), verweist aber auf eine Zeitspanne von mindestens mehreren Wochen.

Bekanntschaft mit Pauline

Höppner ist etwas mulmig zumute. Der Hinweis von Pauline, einer Mitpatientin Frieders, die wegen Brandstiftung im »Schwarzen Holz« ist, er solle Frieder ja heil zurückbringen (vgl. S. 39), trägt nicht gerade zu seiner Entspannung bei. Unterwegs bemerkt Höppner, wie die Zeit in der Klinik Frieder verändert hat: »Er war ganz schön fett geworden vom Bewegungsmangel und von den Medikamenten« (S. 42). Sein Mangel an Kondition hält Frieder allerdings nicht davon ab, seinen Ausgang im Park unerlaubterweise zu einem Abstecher in die Stadt auszudehnen. Als Frieder zum Bahnübergang läuft, wird Höppner panisch: »Wenn er jetzt vor den Zug sprang, war ich daran schuld« (S. 43). Doch nichts dergleichen passiert. Als sie wieder auf dem Rückweg sind, simuliert Höppner zum Spaß an den Gleisen den Versuch, Frieder schubsen zu wollen. Dieser reagiert heftig erschrocken, sagt dann aber, er wisse, dass er sein Leben jederzeit beenden könne, wenn es nötig sei (vgl. S. 47).

Ankündigung des Auszugs

Der Abschnitt endet mit der Ankündigung Frieders, auf den Rat seiner Ärzte hin nicht mehr bei seinen Eltern zu wohnen und stattdessen in das Haus seines verstorbenen Großvaters zu ziehen.

Abschnitt 5 (S. 48–54): Vera und Höppner besichtigen das leerstehende Haus von Frieders Großvater. Es ist ein altes, heruntergekommenes Bauernhaus, dem der Geruch von Gülle und alten Leuten anhaftet (vgl. S. 48). Höppner hat dem Vorschlag Frieders zugestimmt, mit ihm zusammenzuziehen – so kann er dem Freund der Mutter endgültig entkommen und auf Frieder achtgeben. Vera spricht die Sorge aus, die ihr Freund insgeheim auch hegt, es aber zunächst nicht zugibt: »Und wenn er sich umbringt, gleich im Zimmer neben dir?« (S. 49). Höppner überlegt, ob es nicht für alle Beteiligten besser wäre, wenn Frieder einfach in der Psychiatrie wohnen bliebe, ruft sich dann aber selbst zur Ordnung: »Höppner Hühnerknecht, du bist ein feiges Schwein [...]. Du würdest deinen Freund auch in den Knast gehen lassen, bloß um ruhig schlafen zu können« (S. 53). Vera beschließt kurzerhand, selbst mit einzuziehen – so sind sie zu zweit, um auf Frieder aufzupassen.

- Besichtigung der zukünftigen WG
- Und wenn er sich umbringt?

Abschnitt 6 (S. 55–58): Der sechste Abschnitt beschreibt den Einzug der Freunde in das alte Bauernhaus. An dieser Stelle fällt auch zum ersten Mal der Name »Auerhaus«.

- Umzug

Nachdem Frieder, Vera und Höppner ihre neuen Zimmer gestrichen haben, sammeln sie mit dem Traktor von Frieders Eltern ihre Habseligkeiten ein.

Da Veras Eltern nicht wollen, dass ihre Tochter alleine mit zwei Jungs zusammen wohnt, zieht Cäcilia auch mit ein. Darüber ist Höppner verwundert, da Cäcilia in ihrem Elternhaus im Gegensatz zu den anderen in luxuriösen Verhältnissen lebt. Es folgt der erste Abend als WG: Alle sitzen gemeinsam um den Küchentisch, essen Spaghetti und hören Musik mit ihrem alten Kassettenrekorder. Als der Bauer von gegenüber vorbeikommt, um Frieder die Axt seines Großvaters zurückzubringen (jene Axt, die Frieders Vater am Tag von Frieders Suizidversuch im Keller gesucht und stattdessen seinen Sohn gefunden hatte), lauscht er auf den Text des Songs, der gerade läuft und versteht statt »Our House« »Auerhaus«.

■ Der erste Abend als WG – Auerhaus

Abschnitt 7 (S. 59–61): Der kurze siebte Abschnitt erzählt vom Alltag in der neu gegründeten WG: »[W]ir lebten ein richtiges Leben mit Aufstehen und Frühstückmachen und Federballspielen, mit Essenbesorgen und zusammen Kochen« (S. 60). Im Vordergrund steht aber das Reden. Für Höppner bedeutet das Reden, auf ihren Freund aufzupassen, der versucht hatte, sich das Leben zu nehmen (vgl. S. 61). Höppner bekennt, dass er nach all den Wochen immer noch nicht so richtig weiß, warum Frieder sich eigentlich umbringen wollte (vgl. ebd.).

■ WG-Alltag

■ Aufpassen auf Frieder

Abschnitt 8 (S. 62–65): Der achte Abschnitt gibt Auskünfte über die Spar- und Geldbeschaffungsmethoden der WG. Monatskarten für den Bus wer-

■ Über die Runden kommen

den recycelt, indem einfach der aktuelle Monat über den abgelaufenen geklebt wird, die Mutter des Erzählers sammelt abgelaufene oder aussortierte Lebensmittel aus dem Supermarkt für sie, Brot beim Bäcker gibt es im Tausch gegen Getreide von Frieders Eltern, Genussartikel wie Kaffee und Wein klaut Frieder. Höppner kann noch das Geld seines Jobs auf der Hühnerfarm und seine Halbwaisenrente beisteuern, zudem verkauft er immer mal wieder ein Stück aus seiner umfangreichen Münzsammlung.

Abschnitt 9 und 10 (S. 66 und 67–69): Die beiden sehr kurzen Abschnitte neun und zehn enthalten zwei Beobachtungen aus dem Alltag.

Die erste Episode dreht sich um eine defekte Telefonzelle, die Höppner aus dem Küchenfenster sehen kann. Allabendlich sieht er die Gastarbeiterfamilien, die die Möglichkeit nutzen, gratis mit ihrer Heimat zu telefonieren.

Im zweiten Abschnitt beschreibt Höppner, dass Frieder und er mittlerweile eine Art Narrenfreiheit in der Schule besitzen. Die Lehrer lassen sie im Unterricht machen, was sie wollen – zum Beispiel Comics lesen. Er wundert sich über seine Mitschüler, für die trotz allem alles wie immer war. »Hätte man sie vor einer Klausur gefragt: ›Wozu lebst du eigentlich?‹, hätten sie geantwortet: ›Das kommt nicht dran, das müssen wir nicht wissen«‹ (S. 68). »Birth, school, work, death« (S. 67) – sie würden einmal das Leben ih-

■ Wozu lebst du eigentlich?

■ »Birth, school, work, death«

rer Eltern erben und leben, ohne weiter darüber nachzudenken.

■ Harry

Abschnitt 11 (S. 70–71): Der elfte Abschnitt führt einen weiteren wichtigen Charakter ein, nämlich Harry, einen Elektrikerlehrling, den Frieder schon seit Kindergartentagen kennt und der plötzlich in der WG am Küchentisch sitzt.

Harry taucht von nun an täglich in der WG auf. Nach einigen Wochen erzählt er den anderen von seiner Homosexualität (vgl. S. 72 f.).

■ Angst um Frieder

Abschnitt 12 (S. 74–81): Der Abschnitt beginnt mit der Erinnerung Höppners an seine Panik, als Frieder einmal nicht in der Schule auftaucht: »Ich sah Frieder vor mir, wie er am Strick hing, auf dem Heuboden« (S. 74). Als sie schließlich alle nach Hause fahren, um nachzuschauen, steht tatsächlich ein Krankenwagen mit Blaulicht vor dem Haus. Sofort geht das Kopfkino los: »Frieder war tot. Seine Eltern würden uns rausschmeißen. Ich musste wieder zuhause einziehen, bei meiner Familie. Beim F2M2. Frieder war tot« (S. 75). Es stellt sich jedoch heraus, dass der Notfalleinsatz nicht Frieder betrifft, sondern Harry, der einen Kreislaufzusammenbruch erlitten hat. Als alle sich wieder beruhigt haben, berichtet Frieder, warum er nicht in der Schule war: Um ein Haar wäre er beim Klauen erwischt worden. Er informiert die anderen zudem darüber, dass er von nun an sein »Diebesgut« auf die Haushaltskasse anrechnen lassen möchte. Die ande-

■ Demokratisches Stehlen

ren sind zunächst nicht begeistert, da Frieder mit Abstand am meisten erbeutet. Vor allem Höppner ist besorgt, da er sich überhaupt nicht traut, im Laden etwas zu stehlen. Vera lässt sich allerdings schnell überzeugen und erkennt: »Je mehr wir klauen, desto höher der Wohlstand. Individuell und kollektiv!« (S. 80).

Abschnitt 13 (S. 82–86): Der dreizehnte Abschnitt handelt davon, wie Höppner von Frieder und Vera zum unauffälligen Ladendieb ausgebildet wird und seine Feuertaufe in einem Supermarkt besteht. Berauscht von dem Gefühl, etwas umsonst bekommen zu haben, scheint sich ihm eine neue Dimension zu eröffnen: »Die Welt stand mir offen. Klauen können, das war wie Radfahren können. Wie trampen. Umsonst bis ans Ende der Welt« (S. 86). Frieder allerdings wird diesmal wirklich erwischt.

■ Trainingszentrum Ladendiebstahl

■ Frieder wird erwischt

Abschnitt 14 (S. 87–90): Der vierzehnte Abschnitt zeigt einerseits das heimelige Gefühl, das das gemeinsame WG-Leben den Auerhaus-Bewohnern zu geben vermag, beinhaltet aber andererseits ein weiteres Gespräch zwischen Frieder und Höppner, in dem es um Leben und Sterben geht.

■ Geborgenheit

Die Freunde sind zusammen Schlittenfahren, im Anschluss backen sie zuhause Plätzchen. Höppner ist verärgert über die Sorglosigkeit, mit der Frieder erwähnt, dass seine Eltern sie aus dem Haus schmeißen würden, würden sie von Frieders Diebstahl im Supermarkt erfahren. »Ihm machte nichts mehr richtig

■ Die allergrößte Angst

Angst, weil er schon mal gewonnen hatte gegen die allergrößte Angst, die es gab« (S. 88), ist die These des Erzählers in Bezug auf Frieders gelassenen Umgang mit dem Stehlen und seinen möglichen Konsequenzen. Auf die Frage Höppners hin, ob er Frieder eigentlich retten solle, wenn dieser sich in Lebensgefahr befände, antwortet er, dass er sich das Wie und Wann seines Todes gern selbst aussuchen möchte. Sie sprechen auch darüber, wie Frieder sich seine eigene Beerdigung vorstellt. Würde er selbst sich umbringen wollen, würde er die Kombination aus Kälte und Alkohol wählen, sagt Höppner.

■ Selbstbestimmt sterben

Abschnitt 15 (S. 91–97): Abschnitt 15 ist ein Beispiel für die langen Nächte des Redens im Auerhaus. Frieder und Höppner sitzen am Küchentisch, trinken Wein und unterhalten sich, obwohl es schon spät ist und sie ins Bett wollen. Höppner hatte angenommen, dass Frieder in der Psychiatrie mit Pauline geschlafen hat und möchte von ihm wissen, wie das so ist. Frieder lacht über diese Vermutung und verrät, dass Pauline für ihn viel zu schön sei, um mit ihr schlafen zu können (vgl. S. 92). Nach kurzem Zögern gesteht Höppner, dass auch er noch nie mit einer Frau geschlafen hat – obwohl er in einer Beziehung ist. Frieder ist darüber überrascht, da Vera sich regelmäßig mit anderen Männern einlässt. »Das ist was anderes. Mit mir ist sie zusammen! Sie sagt immer, Liebe ist kein Kuchen, der weniger wird, wenn man ihn teilt« (S. 94), antwortet der Ich-Erzähler. Der weitere Ge-

■ Reden, reden, reden

■ Ich hab noch nie …

sprächsverlauf dreht sich um die Frage, was Frieder nach dem Abi machen will. Seine Äußerung, Fahrradmechaniker werden zu wollen, obwohl er das Zeug zum Atomphysiker (vgl. S. 95) hätte, belustigt die beiden und der Abend endet unter Lachkrämpfen.

Fahrradmechaniker statt Atomphysiker

Als Höppner allerdings nachts wach wird, erkennt er, dass Frieders Fröhlichkeit nur temporär war: Frieder sitzt alleine und nachdenklich rauchend in der Küche und sagt, als er der Gegenwart seines Freundes gewahr wird: »Jedenfalls, wenn ich es noch mal mache, kannst du nichts dafür« (S. 97).

Abschnitt 16, 17 und 18 (S. 98, 99–109 und 110–111): Der sechzehnte Abschnitt umfasst wiederum nur eine Seite und erzählt kurz, dass Frieder nach wie vor seinen Eltern im Kuhstall hilft, also ein Bauer ist und bleibt.

Abschnitt 17 hingegen spielt am 24. Dezember und beschreibt, wie Höppner den Heiligen Abend verbringt, in dessen Folge das Auerhaus zwei neue Bewohner bekommt: Pauline und Harry.

Weihnachten

Um nicht den ganzen Abend mit seiner Familie, speziell mit dem F2M2, verbringen zu müssen, hilft Höppner ehrenamtlich bei einem Weihnachtsessen für Obdachlose aus. Dort trifft er eine junge Frau mit Glatze, in der er auf den zweiten Blick Pauline wiedererkennt. Pauline, die sich ihre Haare abgebrannt hat, lebt aufgrund ihrer Volljährigkeit mittlerweile in einem Übergangsheim. Höppner nimmt Pauline kurzerhand mit ins Auerhaus. Als dort plötzlich der Strom

Wiedersehen mit Pauline

Der gefällte Christbaum

ausfällt, ereignet sich die Episode, mit der Höppner im ersten Kapitel seine Erzählung begonnen hatte: Frieder hat den großen Weihnachtsbaum auf dem Dorfplatz gefällt, und dieser ist auf die Stromleitung gefallen. Während Vera ihr Unverständnis dieser Aktion gegenüber äußert, wirkt Frieder fröhlich und ausgelassen (vgl. S. 110).

Am Ende des kurzen achtzehnten Abschnitts steht Harry in der Tür. Er hat sich vor seinem Vater geoutet und dafür zwei blaue Augen kassiert.

■ Zwei neue Mitbewohner

Abschnitt 19 (S. 112–117): Harry und Pauline ziehen im Anschluss an den Weihnachtsabend im Auerhaus ein. Harry richtet sich in der alten Schlachtküche ein und Pauline bezieht den Heuboden – eine Zimmerwahl, die den Erzähler beunruhigt: »Eine Brandstifterin im Heu?« (S. 112).

■ Der Darkroom

Bis auf ein kleines dunkles Zimmer ohne Fenster, von Harry »Darkroom« (S. 113) genannt, sind nun alle Räume im Auerhaus belegt. Auf den Vorschlag, auch dieses Zimmer noch leerräumen und jemandem zur Verfügung stellen zu können, reagiert Frieder sehr aufgebracht. »Ich hatte Frieder noch nie so brüllen hören. Er meinte es ziemlich ernst« (S. 114). Die Zimmerdebatte und sein Ausbruch lähmen Frieder, er verbringt den Rest des Tages zusammengesunken über dem Küchentisch und spricht kein Wort. Die anderen sind rat- und hilflos.

Am Abend bricht Frieder sein Schweigen und schlägt vor, eine Silvesterparty zu veranstalten, die gleichzeitig eine Einzugsparty für Harry und Pauline sein würde. Einzig Höppner und Pauline sind von dieser Idee nicht allzu begeistert.

Abschnitt 20 (S. 118–130): Dieser Abschnitt handelt von der Silvesterparty im Auerhaus, die zu einem Großereignis ausartet.

■ Die große Silvesterparty

Die zahlreichen Gäste, eine illustre Mischung aus Oberstufenschülern, Psychiatriepatienten und Harrys Bekannten aus der Schwulenszene, feiern ausgelassen im ganzen Haus. Höppner, der sonst auf Partys mit Frieder abseits der Tanzfläche sitzt und die Feiernden belächelt, wundert sich über Frieder, der sich mitten ins Getümmel stürzt und wahllos Leute miteinander bekannt macht. Er selbst bleibt hingegen ein außenstehender Beobachter, der den Gedanken nicht loswird, dass dies das erste und letzte Silvester sein würde, das sie gemeinsam im Auerhaus feiern. Um einen Moment Ruhe vor seinen rasenden Gedanken zu finden, die sich allesamt um die ungewisse Zukunft drehen, flüchtet er sich in das Auto seines Klassenkameraden Axel, wird dort aber von diesem versehentlich eingesperrt. Als er, einer Panikattacke nahe, wieder aus dem Auto freikommt, macht er sich auf die Suche nach seiner Freundin, da »sich ja immer zuerst die Paare ein gutes neues Jahr wünschen [müssen]« (S. 125). Vera, die sich in ihrem Zimmer eingeschlossen hat, und die Tür nur kurz öffnet, um eine Packung Kondome zu holen, feiert den Jahresbeginn allerdings bereits mit jemand anderem: Harry. Verstört und ver-

■ Ungewisse Zukunft

■ Vera und Harry

ärgert wandert Höppner weiter ziellos zwischen den Feiernden umher, wundert sich über den tanzenden Frieder, eignet sich durch einige Züge an einem Joint die richtige Dosis Lebensmut an (vgl. S. 126) und küsst Pauline auf dem Heuboden.

Am nächsten Tag, als alle zusammen in der Küche sitzen und Höppner bemerkt, dass Vera ein Halstuch trägt, das seiner Überzeugung nach einen Knutschfleck verdeckt, fühlt er sich allein. Frieder erkennt, dass er unter Veras Polygamie, die er vordergründig immer akzeptiert hat, leidet: »Was man theoretisch richtig findet, das kann ziemlich weit weg sein von dem, was man praktisch aushalten kann« (S. 130).

■ Alles kompliziert

Abschnitt 21 (S. 131–137): Wie recht Frieder damit hat, zeigt der folgende Abschnitt. »Vera fickt mit Harry!« (S. 132), schreit Höppner laut in den Wald. Seine Verwirrung über die Ereignisse der Silvesternacht, das bevorstehende Abitur, die Vorladung zur Musterung und seine damit verbundene Ratlosigkeit lassen ihn sich mit einer Flasche Wodka in den Schnee setzen. Frieder findet ihn betrunken und unterkühlt im Schnee und bringt ihn nach Hause.

■ Alles wie gehabt

Abschnitt 22 und 23 (S. 138–140 und 141–143): Vera und Höppner sprechen kurz über ihre Beziehung, ohne dass sich etwas Gravierendes ändert. Vera schlägt vor, doch bald mal einen gemeinsamen Ausflug zu unternehmen, geht dann aber aus dem Zimmer, als Harry vor dem Haus hupt.

Der nächste Abschnitt ist wieder eine Momentaufnahme aus dem Alltag der Auerhaus-Bewohner: Frieder und Pauline spalten Holz.

Abschnitt 24 (S. 144–158): Dieser Abschnitt erzählt von der Musterung Höppners.

Polizeieskorte zur Musterung

Kurz nach Dreikönig hatte dieser die zweite Ladung zur Musterung erhalten und beschlossen, sie zu ignorieren und auf die dritte zu warten. Umso überraschter ist er, als eines Morgens der Polizist Bogatzki neben seinem Bett steht, um ihn persönlich zur Musterung im Kreiswehrersatzamt in Stuttgart zu fahren. Vera und Frieder begleiten ihn, Vera im Streifenwagen, Frieder fährt mit dem Fahrrad. Unterwegs sagt Bogatzki, dass er es gut finde, wie sich die Freunde um Frieder kümmern. »Der Frieder war schon immer speziell. Das ist kein Bauer« (S. 150).

Im Kreiswehrersatzamt angekommen, verweigert Höppner die Untersuchung mit dem Hinweis, er sei nicht krank (vgl. S. 152). Daraufhin wird er aufgrund der »Musterung nach Augenschein« (ebd.) für voll verwendungsfähig eingestuft. Als er von der Musterungskommission darüber informiert wird, klopft Frieder an die Tür und gibt vor, seinen Fahrradschlüssel verloren zu haben. Es gelingt ihm, die versammelten Herren zur gemeinsamen Suche zu bewegen. Als Vera den Schlüssel schließlich findet, verlässt Frieder den Raum und wartet draußen gut gelaunt auf die beiden anderen.

Höppner verliert sich auf der Rückfahrt in Visionen

seiner Zukunft und ist am Boden zerstört. Dass Vera ausgelassen und fröhlich erscheint, setzt ihm zusätzlich zu (vgl. S. 156).

■ Musterungsakte auf Eis

Zuhause in der Küche schließlich gelingt es ihm nicht mehr, Haltung zu bewahren. Höppner gibt seiner Verzweiflung Raum und beginnt zu weinen. Da überraschen ihn Vera und Frieder mit seiner Musterungsakte: Das kleine Theaterstück rund um den verlorenen Fahrradschlüssel diente nur als Ablenkungsmanöver dafür, dass Frieder, der Meisterdieb, die Akte stehlen konnte. Das Corpus Delicti wird im Eisfach verstaut.

■ Erste Hilfe statt Deutsch-Abitur

Abschnitt 25 (S. 159–171): Der Abschnitt erzählt vom Tag des Deutsch-Abiturs. Auf dem Schulweg begegnet Höppner einem alten Mann, der im Straßengraben zusammenbricht. Während die anderen vorausgefahren sind und davon nichts mitbekommen haben, fühlt sich Höppner verpflichtet, erste Hilfe zu leisten. Ratlos überlegt er, was er denn genau tun solle, als ein BMW-Fahrer anhält und ihm zur Seite springt. Es stellt sich heraus, dass er Soldat ist und sich daher mit Erstversorgung auskennt. Der alte Mann, offensichtlich betrunken, erlangt zwischenzeitlich kurz wieder das Bewusstsein. Der Soldat besteht aber darauf, auf das Eintreffen des Notarztes zu warten. Als Höppner damit rausrückt, dass gerade seine Abi-Klausur begonnen hat, will der Soldat ihn wegschicken, doch Höppner insistiert, ebenfalls auf den Notarzt warten zu wollen. Als der alte

Mann erneut kollabiert, laden die beiden Männer ihn in den BMW und fahren ihn kurzerhand selbst in die Notaufnahme. Doch jede Hilfe kommt zu spät. Mit zwei Stunden Verspätung trifft Höppner in der Schule ein. Den Text, zu dem er eine Erörterung schreiben soll, liest er nicht bis zum Ende. Sein Aufsatz wird ein abenteuerlicher Wirrwarr aus Assoziationen, Fremdwörtern, Zitaten und Erinnerungen an seinen Deutschunterricht.

Aufsatz versemmelt

»Mhm. Versemmelt« (S. 171), sagt er am Ende des Abschnitts zu Frieder.

Abschnitt 26 (S. 172–185): Der 26. Abschnitt handelt von einem weiteren Intermezzo mit der Polizei, diesmal allerdings nicht in Person des freundlichen und wohlwollenden Bogatzki. Ein vermummtes Einsatzkommando stürmt ohne Vorwarnung die Küche des Auerhauses. Es stellt sich heraus, dass sie Harry wegen eines Drogendeliktes suchen. Bei der Durchsuchung des Hauses mit einem Drogenspürhund finden sie nur einen kleinen Beutel voll Marihuana neben Harrys Bett. Er selbst ist nicht da. Problematischer als die geringe Menge Drogen ist die Musterungsakte, die die Polizisten im Gefrierschrank finden. Als sie dann noch ein Fahndungsplakat über der Spüle entdecken, auf dem die Auerhaus-Bewohner Fotos von gesuchten Terroristen mit ihren eigenen Bildern überklebt haben, wird die gesamte WG auf die Polizeiwache gebracht.

Einsatzkommando im Auerhaus

Nachdem ihre Fingerabdrücke genommen wurden und Cäcilia von ihrem Vater abgeholt wurde, kehren

Auf der Polizeiwache

die Freunde zurück ins Auerhaus, wo sie auf Harry warten. Auch er wurde »erkennungsdienstlich behandelt« (S. 178) und durfte anschließend wieder gehen. Den Großteil seiner Drogen, alles, was zum Verkauf bestimmt ist, bewahrt Harry im alten Hühnerstall auf, dem er mit Hilfe einer raffinierten Tarnung den Anschein gegeben hat, dass seit Jahren niemand mehr darin war. Dort hatte die Polizei nicht gesucht.

Die WG beschließt ihren eigentlich für diesen Abend ins Auge gefassten Kino-Plan doch noch zu realisieren und fährt mit Harrys Auto in die Stadt.

Gefährliches Spiel

Auf dem Rückweg entdeckt Frieder die Attrappe einer Pistole in Harrys Handschuhfach und albert damit herum. Was genau im Anschluss passiert, verrät der Erzähler an dieser Stelle noch nicht. Er gibt nur zu verstehen, dass der Abend um ein Haar in einer Katastrophe endete: »Wir hätten alle tot sein können. Jedenfalls Frieder. Wir beschlossen, nicht darüber zu reden. Mit niemandem. Niemand sollte erfahren, was für Idioten wir waren« (S. 183).

Das noch unbekannte Ereignis lässt alle Auerhaus-Bewohner die Nacht gemeinsam in Frieders Zimmer verbringen.

Am nächsten Morgen antwortet Frieder auf die übliche »Und?«-Frage seines Freundes: »Auf einmal seid ihr alle wieder hinter Glas. […] Ihr seht aus, als ob ihr ganz nah seid, aber in Wirklichkeit ist das Glas total dick, und ihr seid total weit weg« (S. 185).

Abschnitt 27 und 28 (S. 186–191 und 192–193): Die beiden folgenden Abschnitte thematisieren die Nachwehen des Zwischenfalls.

Höppner beschreibt, dass er im Haus herumschleicht wie ein Gespenst, da keiner wirklich mit dem anderen redet. Während Vera richtiggehend sauer ist, spielt Frieder die Sache herunter: »Stellt euch nicht so an. Es ist doch alles gut gegangen« (S. 186). Höppner flüchtet aus der beklemmenden Enge des Auerhauses ins Freie. »Es gab Tage, da war das Auerhaus schlimmer als eine Familie voller F2M2. Tage, an denen niemand mehr mit irgendwem redete« (S. 188).

■ Schweigen

Im zweiten kurzen Abschnitt schaut Cäcilia in der WG vorbei, um ihre Geige abzuholen. Seit der Hausdurchsuchung durch die Polizei wohnt sie nicht mehr im Auerhaus. Cäcilia informiert darüber, dass der Anwalt, den ihr Vater engagiert hat, sie gegebenenfalls auf Kosten der anderen aus der Sache herausholen wird. »Ich hab in Amerika den Studienplatz. Mein Führungszeugnis muss echt blitzblank sein, sorry« (S. 193).

■ Cäcilia kommt nicht zurück

Abschnitt 29 (S. 194–201): In diesem Abschnitt erfährt der Leser, was sich denn nun an jenem Abend zugetragen hat.

■ Auflösung des Zwischenfalls

Höppner besucht seine Mutter an ihrem Arbeitsplatz im Supermarkt, weil er ihr versprochen hat, vom Deutsch-Abi zu berichten. Sie hat eine Zeitung bei sich und liest ihm einige Schlagzeilen vor: »Schüsse peitschten durch die Nacht. […] Narretei junger

■ Verfolgungsjagd mit Schüssen

Männer ging beinahe ins Auge« (S. 196). Indem sie den dazugehörigen Zeitungsartikel vorliest, deckt sie auf, was geschehen ist. Immer wieder ergänzt der Erzähler den Zeitungsbericht für den Leser um weitere Informationen. Im Zuge des Herumblödelns mit der Waffenattrappe hatte Frieder an der Ampel auf einen Polizisten gezielt, der im Wagen neben ihnen zum Stehen kam. Im Dunkeln hatte dieser natürlich nicht erkannt, dass keine echte Pistole auf ihn gerichtet ist und bei der darauffolgenden Verfolgungsjagd das Feuer eröffnet. Wie durch ein Wunder ist niemand verletzt worden. Gegen Harry und Frieder, Fahrer und Beifahrer, wurde ein Ermittlungsverfahren eingeleitet.

Seiner Mutter gegenüber beteuert er, damit nichts zu tun zu haben.

Wieder zuhause, trifft Höppner auf Frieder, der ihm gesteht, er habe es darauf angelegt, dass der Polizist ihn erschießt (vgl. S. 200). Diesmal schluckt Höppner seine Wut nicht herunter und geht auf Frieder los.

■ Wunsch-Abspann: So könnte es zu Ende gehen

Abschnitt 30 (S. 202–205): Der letzte Abschnitt des zweiten Kapitels stellt eine Art Wunsch-Abspann des Erzählers dar. Er beschreibt, wie er sich die Zukunft für sie alle wünschen würde: »Jetzt konnte so was wie ein Abspann anfangen. Ein langer Abspann. Die Story war quasi vorbei, jetzt ging es nur noch darum, was später aus den Leuten wurde« (S. 203).

Er fantasiert für sich eine glatte Eins im Deutsch-Abitur herbei, eine Einstellung aller Ermittlungsverfahren, einen gemeinsamen Umzug der Auerhaus-Bewohner nach Köln. Die Bundeswehr meldet sich nie wieder bei ihm, Pauline macht an der Abendschule ihr Abitur nach und bekommt mit Frieder, der Professor geworden ist, Kinder. Harry studiert Modedesign und Vera ist mittlerweile Lehrerin. Er selbst ist Hausmann geworden, damit Vera weiter arbeiten kann. Cäcilia ist Richterin geworden.

»So hätte von mir aus alles ausgehen können«. Aber: »Im richtigen Leben waren die Landungen härter« (S. 205).

Kapitel 3

Das dritte und letzte Kapitel umfasst 29 Seiten und ist wiederum in kürzere Abschnitte unterteilt. Hier erzählt Höppner, wie es wirklich weitergegangen ist.

Abschnitt 1 (S. 207–214): »Im richtigen Leben war das Ende vom Auerhaus ziemlich ambivalent« (S. 207). Das Deutsch-Abitur ist so schlecht ausgefallen, dass Höppner das Abitur nur besteht, wenn er in der mündlichen Gemeinschaftskundeprüfung einen Punkt schafft – doch auch das gelingt ihm nicht.

■ Abitur: Durchgefallen

Während das Gerichtsverfahren gegen Cäcilia eingestellt wird, werden die anderen Auerhaus-Bewohner zu gemeinnütziger Arbeit verurteilt. Harry erhält ein Jahr Gefängnis auf Bewährung und muss zwei Jahre auf seinen Führerschein verzichten.

■ Gerichtsverfahren

Auf nach Berlin

Abschnitt 2 (S. 215–217): Ein erneuter Musterungsbescheid fällt dem Erzähler aus dem von Harry rosafarben gestrichenen Briefkasten des Auerhauses entgegen. Da er aber im Begriff ist, nun tatsächlich nach Berlin zu ziehen, tangiert ihn das nicht weiter und er schickt die Ladung mit dem Vermerk, der Empfänger sei verzogen, einfach direkt wieder zurück. Mit Harrys Auto und einem frisch geklauten Straßenatlas machen sich Frieder und Höppner auf den Weg.

Abschnitt 3 (S. 218–226): »Es war alles wahr. Es war alles endgültig entschieden« (S. 220). In diesem Abschnitt wird nun klar, dass Frieder sich schlussendlich doch umgebracht hat.

Frieders Beerdigung

Vera, Harry und Höppner stehen vor der Aussegnungshalle des Friedhofs. Es ist Frühling, der Donnerstag vor Ostern. Auch Bogatzki und einige von Frieders ehemaligen Lehrern sind gekommen. Cäcilia ist in Amerika, von Pauline hat niemand etwas gehört. Aus Rache dafür, dass Frieder damals den Weihnachtsbaum gefällt hat, sind die städtischen Sargträger nicht erschienen, so tragen die ehemaligen Auerhaus-Bewohner ihren Freund selbst zu Grabe.

Zuvor: Wieder reden um Frieders Leben

Höppner unterbricht an dieser Stelle kurz seine Erzählung und blickt zurück auf die Zeit zwischen dem Ende des Auerhauses und Frieders Tod. Frieder hat tatsächlich eine Lehre als Fahrradmechaniker begonnen und lebt alleine in einer Kleinstadt in Hessen. Von dort aus fährt er oft nach Berlin. Wie auch schon zuvor im Auerhaus sitzen die beiden am Küchentisch und reden nächtelang. »Eigentlich war es uns beiden klar: Wir redeten um sein Leben« (S. 222). Höppner versucht, seinen Freund an bessere Zeiten zu erinnern, daran, dass es im Auerhaus anders war. »Es war schon mal anders. Du hast das bloß vergessen« (ebd.). Dennoch merken beide, dass sich die Gespräche im Kreis drehen (vgl. ebd.).

Das Gedächtnis der Menschheit

So wie er seine Musterungsbescheide abgeheftet hat, so hat Höppner auch weitere Relikte aus seiner Auerhauszeit archiviert: Zettel, die auf dem Küchentisch der WG lagen, hat er unter dem Titel »Das Gedächtnis der Menschheit« (S. 223) gesammelt. Aus dieser Zettelsammlung erfährt der Leser zum Beispiel, dass Bogatzki damals bewirkt hat, dass der Marktleiter des von Frieder bestohlenen Supermarktes auf eine Anzeige verzichtet hat.

Die Erzählung kehrt auf den Friedhof zurück. Frieders Sarg wird in die Erde herabgelassen, anstelle von beziehungsweise zusätzlich zu Sand werfen die Freunde Gegenstände aus ihrer gemeinsamen Zeit mit Frieder ins Grab.

Gedanken an Frieder

Abschnitt 4 (S. 227–234): Nach der Beerdigung begibt sich die Trauergemeinde in ein nahegelegenes Gasthaus – in den Ochsen, den Frieder gehasst hat (S. 227). Vera, Harry und Höppner grübeln über die Beweggründe und Umstände von Frieders Tod. Waren es dieselben Gründe, wie bei seinem ersten Versuch? »Warum hatte Frieder sich damals umbringen wollen, beim ersten Mal? Je mehr ich mit ihm darüber geredet hatte, desto blasser war die Frage geworden. Bis sie quasi verschwunden war« (S. 228). Frieder hatte mehrere Tage tot in seinem Bett gelegen, bevor er aufgefunden wurde.

Paulines Verbleib

Bogatzki, den die Frage nicht loslässt, warum Pauline nicht zur Beerdigung gekommen ist, findet durch einige Telefonate heraus, dass sie wegen Brandstiftung mit Todesfolge zu zehn Jahren Haft verurteilt worden ist.

Ein letztes Mal im Auerhaus

Ein letztes Mal statten die Freunde ihrem ehemaligen Zuhause einen gemeinsamen Besuch ab. Ohne genau zu wissen, was sie damit machen wollen, versuchen sie die Axt zu finden, die Frieder damals bei seinem Suizidversuch quasi das Leben gerettet hat, da sein Vater auf der Suche nach der Axt zufällig auf den bewusstlosen Frieder gestoßen war. Die Axt finden sie nicht, aber Höppner erfährt von Vera, dass das kleine Zimmer ohne Fenster, der »Darkroom«, einst Frieders Kinderzimmer gewesen ist (vgl. S. 234).

Post von Cäcilia

Abschnitt 5 (S. 235–236): In diesem letzten Abschnitt kehrt der Erzähler in seine Wohnung in Berlin zurück und findet ein kleines Päckchen vor, das eine Kassette enthält. Cäcilia hatte eigens für die Beerdigung ein Musikstück auf ihrer Geige eingespielt. Es kam nicht rechtzeitig an.

In den Gedanken des Erzählers lebt Frieder fort. Die Gespräche, die die beiden auf ihre ganz eigene Art immer führten, finden dort nach wie vor statt.

3. Figuren

Hauptfiguren: Die Bewohner des Auerhauses

Höppner: Höppner Hühnerknecht, wie sich der Ich-Erzähler in Anlehnung an seinen Nebenjob auf der Hühnerfarm selbst nennt, besucht die Oberstufe des Gymnasiums eines kleinen schwäbischen Dorfes in der Nähe von Stuttgart. Seinen Vornamen erfährt der Leser nicht, von seinen Freunden wird er immer nur bei seinem Nachnamen, Höppner, genannt. Zu Beginn der Romanhandlung lebt er mit seinen beiden Schwestern bei seiner Mutter und dem ungeliebten Stiefvater. Sein leiblicher Vater lebt nicht mehr (vgl. S. 63). Ein kleiner tragbarer Fernseher, den er sich von seinem Hühnerfarm-Geld gekauft hat, hilft ihm dabei, sich immer wieder aus dem Familienalltag auszuklinken und dem anstrengenden Zusammenleben mit dem Stiefvater für kurze Zeit zu entfliehen. Bei seinem Auszug gibt er den Fernseher an die ältere seiner Schwestern weiter – um ihr dieselbe Möglichkeit zu bieten. Hilft auch die Flucht in die Fernsehwelt nichts, weil der Stiefvater ihn wieder für unnötige Renovierungsarbeiten einspannen will, verschwindet Höppner auch einfach mal für ein paar Tage – meist gemeinsam mit seiner Freundin Vera.

■ Familiensituation

Über sein Äußeres verrät der Erzähler nicht viel. Durch die abgehängten Zimmerdecken in seinem Elternhaus und die ständige Bevormundung durch den Stiefvater scheint er sich eine gebückte Körperhaltung angewöhnt zu haben. Nach einigen Tagen im Auerhaus bemerkt Cäcilia: »Du gehst gar nicht mehr so gebückt. Du bist immer so gebückt gegangen im Haus, ganz komisch« (S. 59). Durch Frieders Imitation erfährt man zudem, dass er lispelt (vgl. S. 28). Er selbst bezeichnet sich als nicht besonders kräftig (vgl. S. 213).

Seit Kindertagen bekommt Höppner zu besonderen Anlässen von Verwandten Münzen geschenkt. »Null Ahnung, wieso. Wahrscheinlich glaubten sie, wenn einer dauernd Münzen geschenkt kriegte, interessierte er sich auch dafür« (S. 63). Diese These bewahrheitet sich tatsächlich, und er beginnt, sich für Münzen zu begeistern. Ist es mit seinem schulischen Lerneifer nicht allzu weit her, so eignet er sich durch seine wachsende Münzsammlung einiges an Wissen an. Als praktisch erweist sich sein anerzogenes Hobby schließlich, als er die Sammlung verkaufen und so Geld für das Leben in der WG aufbringen kann. Das Sammeln und Ordnen von Dingen scheint zudem etwas zu sein, das seiner Persönlichkeit entspricht: Seine Musterungsbescheide legt er fein säuberlich in einem Ordner mit der Aufschrift »Bummbumm« (S. 145) ab, woraufhin Frieder feststellt: »Für einen Anarchisten bist du ganz schön pedantisch« (ebd.). Am Ende des Romans, als das Auerhaus längst der Vergangenheit angehört und der Erzähler in Berlin lebt, verrät er zudem, dass er alle Notizzettelchen, die im Auerhaus auf dem Küchentisch für die verschiedenen Bewohner hinterlassen worden sind, gesammelt

Pedantischer Anarchist

Den Moment festhalten

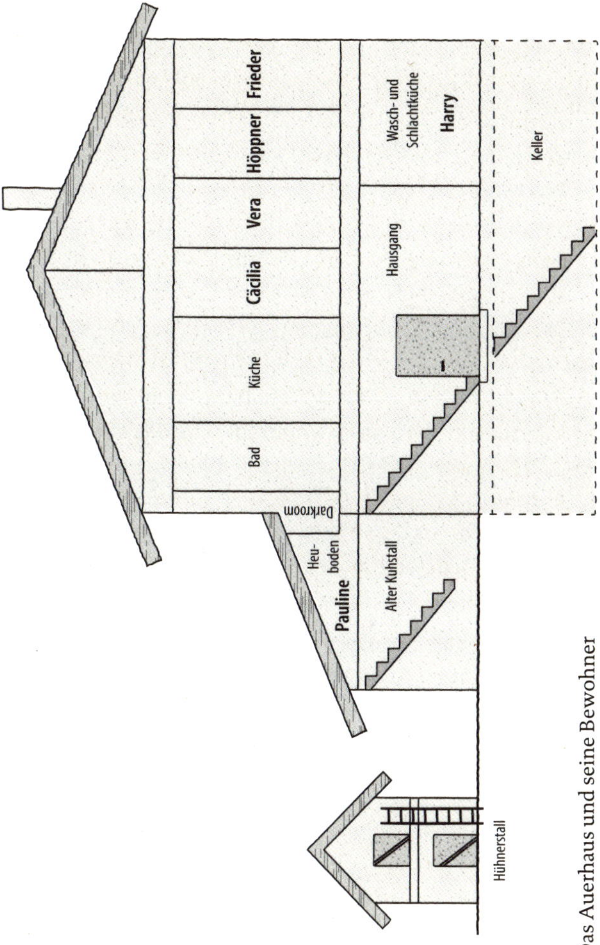

Abb. 1: Das Auerhaus und seine Bewohner

und mit einem Datum versehen auf DIN-A4-Blätter geklebt hat. Der Ordner, der die archivierten Auerhaus-Erinnerungen enthält, trägt den Titel »Das Gedächtnis der Menschheit« (S. 223). Seine Sammelangewohnheiten lassen darauf schließen, dass er weniger ein Mensch ist, der für den Moment lebt – vielmehr versucht er wichtige Ereignisse und bedeutsame Lebensabschnitte zu konservieren. Seine Reaktion auf die Silvesterhymne »The final Countdown« unterstützt diese Vermutung:

> »Ich bekam eine Gänsehaut, und mir wurde schlecht. Weil das ja vielleicht wirklich so war. Dass das unser erstes und letztes Silvester miteinander war. […] Dass die WG rausgeschmissen wurde […]. Dass Vera und ich uns trennten. Dass Frieder sich im nächsten Jahr umbrachte« (S. 123 f.).

Während alle ausgelassen feiern, durchlebt Höppner einen Moment der Panik gegenüber der ungewissen Zukunft. Er ist grüblerisch und nachdenklich und beneidet Leute, die einfach machen, was ihnen gerade so einfällt, ohne sich über mögliche Konsequenzen Gedanken zu machen (vgl. S. 128), wie zum Beispiel Harry. »Harry war sorgenlos und draufgängerisch. […] In diesem Moment war ich neidisch auf Harry. Wegen der Art, wie er in der Welt rumlief, nicht wegen Vera« (S. 182).

Im Gegensatz zu Vera und Frieder ist er auch dem Stehlen gegenüber weniger sorglos und unbeschwert.

Es kostet ihn einige Trainingsstunden und etliches an Überwindung bis zu seinem ersten Beutezug.

Höppner und Frieder gehen schon lange in eine Klasse (vgl. S. 29) und sind beste Freunde. Obwohl sie fast alles zusammen machen – ins Kino gehen, lernen, sich die Nachmittage am Baggersee vertreiben – haben sie noch nie über private, ernste Themen, wie z. B. über Sex (vgl. ebd.), gesprochen. Auch von Frieders Suizidversuch wird der Erzähler überrascht. Er sorgt sich, dass er der Verantwortung, mit Frieder nach dessen Entlassung aus der Psychiatrie zusammenzuleben, nicht gewachsen sein könnte (vgl. S. 52 f.). Frieder gegenüber ist er oft zurückhaltend und sagt ihm nicht direkt, was er wirklich denkt beziehungsweise was ihn ärgert (vgl. S. 44, 88). Eine Ausnahme stellt die Situation dar, als Frieder zugibt, es darauf angelegt zu haben, von dem Polizisten erschossen zu werden: »Ich holte aus und knallte ihm mit der flachen Hand ins Gesicht. Eine links. Eine rechts« (S. 200). Seiner Freundin Vera traut er sich ebenfalls nicht zu sagen, welche Schwierigkeiten er mit ihrer offenen Beziehung hat. Auch wenn er behauptet, kein Problem damit zu haben, dass Vera sich auch mit anderen Jungs vergnügt, wird an seiner Reaktion auf ihre Affäre mit Harry klar, dass dies nicht stimmt. »Ich fand das eigentlich gut, nicht eifersüchtig zu sein. Oder wenigstens nicht eifersüchtig sein zu wollen. Oder zu sollen. Egal. Nicht egal« (S. 126). Frieders Bemerkung »Was man theoretisch richtig findet, das kann ziemlich weit weg sein von dem, was man

Der Unterschied zwischen Theorie und Praxis

praktisch aushalten kann« (S. 130) trifft die Gefühle des Ich-Erzählers genau. Anstatt Vera darauf anzusprechen, stapft er mit einer Flasche Wodka in die Winternacht – mit der Absicht, betrunken in der Kälte einzuschlafen und vielleicht nicht mehr aufzuwachen. Im Anschluss an dieses Ereignis sprechen die beiden zwar kurz über ihre Beziehung und Höppner sagt Vera, was er von ihrer Untreue hält, als sie aber nicht näher darauf eingeht, ist das Gespräch beendet und sie machen weiter wie zuvor.

Höppner ist oftmals etwas langsamer im Verstehen als die anderen. »Ich schnallte mal wieder gar nichts und fragte: ›Bahnhof?‹ Vera sagte: ›Strich.‹ Ich, voll blöd: ›Für Geld?‹ Harry: ›Nein, für Fußballbildchen! Mann, natürlich für Geld, was denkst du denn?‹« (S. 179 f.)

Flucht vor dem Wehrdienst

Am Ende des Romans zieht er tatsächlich nach Berlin, um seiner Einberufung in die Bundeswehr zu entkommen – wie er es zu Beginn seiner Erzählung angekündigt hatte (vgl. S. 14). Mit Vera ist er zu diesem Zeitpunkt allem Anschein nach nicht mehr zusammen, denn er berichtet lediglich davon, dass Frieder ihn zu Lebzeiten einige Male in Berlin besucht hat. Seinen Lebensunterhalt verdient er mit dem Putzen von Treppenhäusern, es gibt einen Hinweis darauf, dass er später studiert (vgl. S. 207). Folglich wird er sein nichtbestandenes Abitur nachgeholt haben – vielleicht hat er aber auch von Harrys Angebot Gebrauch gemacht: »Ich kenn einen, der kann Zeugnisse machen. Du kannst dir sogar deinen Abi-Schnitt selbst aussuchen« (S. 230).

Unpassender Spitzname

Frieder: Frieder wird vor seinem Selbstmordversuch von allen »der Bauer« (S. 27) genannt, da seine Eltern Landwirtschaft betreiben und er ihnen oft im Stall hilft. Dass dieser Spitzname, auch wenn Frieder sich selbst so am Telefon meldet, gar nicht zu ihm passt, bringt der Polizist Bogatzki auf den Punkt, als er erzählt, dass Frieder als Kind seinem Vater eine optimierte Traktor-Fahrroute für ein schwer zu bestellendes Feld aufgezeichnet hat, die diesem beim Düngen und Ernten viel Zeit einsparte (vgl. S. 150). Während Höppner Comics liest, präferiert Frieder philosophische und psychologische Schriften (vgl. S. 67). Auch ist er im Gegensatz zu seinem besten Freund ein Ass in der Schule und hat das Abi bereits ein halbes Jahr vor den Prüfungen so gut wie in der Tasche – obwohl er wegen seines Aufenthaltes in der Psychiatrie mehrere Monate Unterricht versäumt hat. Umso witziger, umso absurder erscheint es Höppner daher auch, dass Frieder, »der ohne Probleme Matheprofessor oder Atomphysiker oder so was hätte werden können« (S. 95), angibt, Fahrradmechaniker werden zu wollen. Auch wenn diese Idee aus einer Weinlaune heraus entsteht, erscheint sie den beiden Freunden doch plötzlich wie eine Eingebung. »Fahrradmechaniker, das war so logisch und so hundertprozentig richtig, dass wir beide, Frieder und ich, das Gefühl hatten, gerade eben, in diesem Moment, sei uns der Sinn des Lebens offenbart worden« (ebd.). Nach dem Ende der Auerhauszeit beginnt Frieder tatsächlich eine Lehre zum Fahrradmechaniker in einer hessischen Kleinstadt.

Der Bär

Höppner beschreibt Frieder als den »Bären, mit dem jeder gern aufs Schützenfest ging und zur Maifeier, weil sein Anblick jeden, der Ärger suchte, sofort beruhigte« (S. 26). Frieder ist groß und kräftig gebaut, seine langen Haare sind dunkel und gelockt. Sein Lachen ist auffällig und prägnant – ein lautes Wiehern mit zurückgeworfenem Kopf. »Wenn man ihn das erste Mal lachen sah, dachte man, Frieder wäre ein Spasti« (S. 45 f.).

In der Psychiatrie lernt Frieder Pauline kennen, von der Höppner annimmt, dass sie mit Frieder in ihrer gemeinsamen Zeit dort eine körperliche Beziehung führt. In einem späteren Gespräch verrät ihm Frieder jedoch, dass Pauline zu schön dafür sei. »Mann, die war so perfekt, dass ich mir nicht mal einen runterholen konnte, wenn ich an sie gedacht habe!« (S. 92).

Für die Gemeinschaft

Im WG-Gefüge wirkt Frieder oftmals nicht wie der, um den sich seine Mitbewohner kümmern und sorgen müssen, vielmehr übernimmt er es häufig, für alle zu kochen und auch die Zutaten dafür zu besorgen – auf seine Art. Im Gegensatz zum Erzähler fällt Frieder das Klauen leicht. Er hat seine Vorgehensweise perfektioniert und scheint keinerlei Sorge zu haben, erwischt zu werden. Etwas »[u]msonst bekommen« (S. 79) nennt Frieder seine Beutezüge – eine Formulierung, die zeigt, dass er nicht das Gefühl hat, etwas Unrechtes oder Illegales zu tun. Die Tatsache, dass diese Art des »Einkaufens« für ihn selbstverständlich erscheint, verhilft der WG auch zu teuren Genussmitteln wie Kaffee, Süßigkeiten und Wein.

Selbst nachdem er doch einmal erwischt wurde, macht er in anderen Supermärkten damit weiter. Höppner fragt sich, woher diese Sorglosigkeit kommt. »Ihm machte nichts mehr richtig Angst, weil er schon mal gewonnen hatte gegen die allergrößte Angst, die es gab« (S. 88), ist die Antwort, die er für sich findet.

Melancholie und innere Zerrissenheit

Gibt es kurze Momente, in denen Frieder fast ausgelassen wirkt, wie zum Beispiel bei seiner kleinen Schauspieleinlage im Musterungsbüro (vgl. S. 153 ff.), so bemerkt der Erzähler (und mit ihm der Leser) doch oftmals seine innere Zerrissenheit und Einsamkeit. Während die anderen schlafen, sitzt er nachts alleine rauchend am Küchentisch. Auch die vielen Gespräche, die sie führen, scheinen nicht zu helfen. Immer wieder versinkt er in sich selbst: »Auf einmal seid ihr alle wieder hinter Glas« (S. 185). Auffällig ist, dass über die Gründe für Frieders Depressionen nicht konkret gesprochen wird. So erwähnt der Erzähler zwar, dass Frieders behandelnde Ärzte ihm geraten haben, nicht mehr bei seinen Eltern zu wohnen (vgl. S. 47), eine Erklärung dafür bleibt er aber schuldig. Frieders Reaktion auf den Vorschlag, das kleine, fensterlose Zimmer (»Darkroom«) bewohnbar zu machen, verbunden mit der erst nach seinem Tod durch Vera gelieferten Information, dies sei einst sein Kinderzimmer gewesen, legen aber den Rückschluss auf traumatische Erfahrungen in seiner Kindheit nahe. Die guten Episoden in Frieders Leben schwinden nach dem Ende der Auerhauszeit drastisch. Er fühlt sich allein, ist wie gelähmt und kann doch nichts daran ändern (vgl. S. 222). Bei seinen Besuchen in Berlin, bei denen sie ihre alte Auerhaus-Gewohnheit wieder aufnehmen und die ganze Nacht weintrinkend am Küchentisch verbringen, ist beiden klar: »Wir redeten um sein Leben« (ebd.). Am Ende wählt er die Methode seines ersten Suizidversuchs erneut – diesmal ist niemand da, um ihn zu retten. Frieder stirbt an einer Überdosis Schlaftabletten allein in seiner Wohnung.

Macht sich die Welt, wie sie ihr gefällt

Vera: Vera ist die Freundin des Erzählers. Sie hat grüne Haare (vgl. S. 16), einen Bruder in München (vgl. S. 14), ihre Mutter putzt bei den Eltern von Cäcilia (vgl. S. 56). Ihre Leistungskurse sind Mathe und Latein, »eine wahnsinnig tolle Kombination« (S. 19), wie Höppner findet. In seinem Wunsch-Abspann malt er sich aus, sie würde erst Lehrerin und dann Direktorin werden, während er als Hausmann bei den gemeinsamen Kindern bleibt (vgl. S. 204 f.). Im Gegensatz zu ihrem Freund ist sie unbeschwert und weniger verkopft, sie macht, worauf sie Lust hat, und erachtet die Grenzen von Moral und Legalität als dehnbar. Vera weiß ihre weiblichen Reize für sich auszunutzen, wie sie unter Beweis stellt, als sie einen Lastwagenfahrer überzeugen kann, sie von Berlin bis nach Hause, ja sogar bis direkt vor die Schule mitzunehmen (vgl. S. 18). Auch das Lügen fällt ihr leicht, es ist ihr Vorschlag, »Wohnung suchen« (S. 15) zu üben, wobei sie der potenziellen Vermieterin in spe mühelos eine erfundene Geschichte auftischen kann. Wie Frieder hat Vera auch keinerlei Schwierigkeiten mit dem Stehlen. Der

Unterschied zwischen den beiden besteht allerdings darin, dass Vera hauptsächlich nutzlose Dinge klaut (ein Wunderbäumchen (vgl. S. 18), ein Blechschild aus einem LKW (vgl. S. 19) oder auch dreißig verschiedene Kaffeelöffel (vgl. S. 80)). Auch in Sachen Treue nimmt Vera es nicht so genau, macht allerdings auch keinen Hehl daraus. »Liebe ist kein Kuchen, der weniger wird, wenn man ihn teilt« (S. 94) – so ihr Motto in Bezug auf die von ihr abgelehnte Monogamie. Während sie mit Harry, und möglicherweise auch mit anderen Jungs, wie Frieders Kommentar »Aber sie macht doch dauernd mit anderen Typen rum!« (ebd.) nahelegt, schläft, hat sie mit ihrem Freund keinen Sex.

Kleptomanin

Freie Liebe

»Manchmal war sie schon ein Arschloch« (S. 224), sagt Frieder eines Abends in Berlin rückblickend.

Cäcilia: Cäcilia Schreiner kommt aus wohlhabenden Verhältnissen. Sie hat ein großes Zimmer, es gibt einen Pool im Keller und ihre Mutter ist Mitglied im Rotary Club. Da ihre Eltern viel unterwegs sind und Cäcilia ihr luxuriöses Zuhause oftmals ganz für sich hat, wundert sich Höppner, dass sie mit Vera, Frieder und ihm in ein heruntergekommenes Bauernhaus ziehen möchte (vgl. S. 56). Cäcilia hatte sich kurzerhand entschlossen mit einzuziehen, da Veras Eltern nicht wollten, dass ihre Tochter allein mit zwei Jungs zusammenwohnt. Cäcilia spricht sehr leise, so leise, dass sich ihre Mitschüler oft im Unterricht über sie lustig machen (vgl. S. 22). Sie ist in »Zentralverriegelungsaxel« verliebt, ignoriert seine Anrufe aber nach den Geschehnissen der Silvesternacht (vgl. hierzu auch Kap. 3, S. 56).

Raus aus dem goldenen Käfig

Obwohl sie von allen Auerhaus-Bewohnern mit Abstand die bravste ist und sich aus den illegalen Aktivitäten raushält, scheint sie froh zu sein, dem goldenen Käfig ihres Zuhauses entkommen zu können. »Ich brauch das alles nicht!« (S. 57), schreit sie ihre Mutter an, die für den Auszug ihrer Tochter Möbelpacker engagiert hat, während die anderen ihre spärliche Habe mit Frieders Traktor transportieren. Sie weigert sich auch, Geld von ihren Eltern anzunehmen. »Das war gut für ihren Stolz, aber für uns war es schlecht« (S. 63), kommentiert der Erzähler. Dennoch weiß die zielstrebige Cäcilia, die vorhat, nach dem Abitur zum Studieren in die USA zu gehen, wann sie die Hilfe ihrer einflussreichen Eltern annehmen muss, um ihre Träume nicht zu gefährden: Sie lässt zu, dass der Anwalt ihres Vaters dafür sorgt, dass sie im Gegensatz zu den anderen Bewohnern in der Folge der Hausdurchsuchung nicht angeklagt wird, und distanziert sich von ihren Freunden. »Ich hab in Amerika den Studienplatz. Mein Führungszeugnis muss echt blitzblank sein, sorry« (S. 193).

Amerika

Da sie in Amerika ist, erscheint sie auch nicht auf Frieders Beerdigung, die Kassette mit Geigenmusik, die sie an ihrer statt schickt, erreicht Höppner zu spät.

Harry: Harry heißt mit bürgerlichem Namen Harald Calabrese (vgl. S. 174). Er ist ein Kindergartenfreund von Frieder, den Höppner eines Tages am Küchentisch des Auerhauses antrifft. Harry macht in Stuttgart eine Ausbildung zum Elektriker und verbringt seinen Feierabend regelmäßig in der WG. An Heilig Abend outet er sich seinem Vater gegenüber als schwul, der ihn daraufhin verprügelt (vgl. S. 111). Von diesem Abend an wohnt Harry auch im Auerhaus. Er zieht in die alte Schlachtküche und kauft sich einen Cadillac Eldorado, eine »Angeberkarre« (S. 132) mit enorm hohem Spritverbrauch. »Das ist das Beste! Da regen sich die Ökos schön auf. Gluckgluck!« (S. 133). Leisten kann Harry sich das durch seine beiden Nebenjobs: Er geht am Stuttgarter Bahnhof auf den Strich und dealt. Der Erzähler beschreibt Harry als sorglos und draufgängerisch. »Harry hatte es drauf, das Elend zu erkennen und es, ohne einen Augenblick zu grübeln, sofort zu bekämpfen« (S. 182). Er ist kein so nachdenklicher Typ wie Frieder oder Höppner. Als er sein neues Auto präsentiert, das einen großen Scheinwerfer auf dem Dach montiert hat, witzelt er: »Ihr sucht doch dauernd nach dem Sinn. Hier, Suchscheinwerfer. Könnt ihr überall suchen damit« (S. 119). In der Nacht der Verfolgungsjagd, als sie alle gemeinsam in Frieders Zimmer übernachten, gibt aber sogar Harry einen kleinen Einblick in sein Inneres. »So wie mein Vater will ich nicht werden. Das ist das einzige Ziel, das ich habe. Ob der sich umbringt oder nicht, das ist total egal. Ob der tot ist oder nicht, das merkt der gar nicht. Und die anderen auch nicht« (S. 184).

■ Drei Jobs

■ Sorglos und draufgängerisch

Auf der Silvesterparty, zu der Harry »alle Schwulen zwischen München und Paris« (S. 118) eingeladen hat,

Abb. 2: Cadillac Eldorado 1972

schläft er ausgerechnet mit Vera – was Höppner sehr verwirrt:

> »Ausgerechnet Harry. Ich hätte es verhindern können. Ich hätte verhindern können, dass die Frau, die ich geil fand, sich mit einem einschloss, der mich geil fand, aber den ich nicht geil fand, wenn ich mich selbst mit dem eingeschlossen hätte, den ich nicht geil fand. Scheiße, war das kompliziert« (S. 126).

Harry selbst ist wie Vera in sexuellen Dingen unbekümmert und flexibel und zeigt keinerlei schlechtes Gewissen seinem Mitbewohner Höppner gegenüber, im Gegenteil: »Wusstet ihr eigentlich, dass die Spermien von Männern extrem schnell sind und extrem fruchtbar, wenn sie wissen, dass da noch ein Konkurrent ist?« (S. 130). Gefallen an der Konkurrenzsituation ist vielleicht auch ein möglicher Grund dafür, dass er sich trotz der Anwesenheit zahlreicher schwuler Männer an diesem Abend ausgerechnet für eine Frau – die Freundin seines Kumpels – entscheidet.

Nach dem Ende seiner Lehre arbeitet Harry in der Modebranche (vgl. S. 229).

Pauline: Pauline ist »quasi das schönste Mädchen, das ich je gesehen hatte. Nach Vera« (S. 38) – so beschreibt Höppner sie, als er sie zum ersten Mal bei Frieder in der Psychiatrie antrifft. Pauline ist in der Psychiatrie, da sie im Jugendheim eine Fußmatte angezündet hat, ihren Namen findet der Erzähler daher sehr treffend: »Pauline, wie die Brandstifterin im Struwwelpeter« (ebd.). Zu diesem Zeitpunkt hat sie noch lange dunkelbraune Haare, als Höppner sie einige Monate später beim Weihnachtsessen der Obdachlosen wiedertrifft, hat sie eine Glatze und keine Augenbrauen mehr – was ihrer Schönheit aber keinen Abbruch tut, im Gegenteil.

■ Pyromanin

■ Perfekte Symmetrie

> »Pauline sah mit Glatze noch schöner aus als vorher, noch symmetrischer. Ihr Kopf war ganz rund und von einer wahnsinnig zarten Haut überzogen. Und man konnte ihre wahnsinnig schönen Augen viel besser sehen. Und die Ohren. Perfekt geformte Ohrmuscheln [...]« (S. 104).

Während Frieder Pauline als zu perfekt, um mit ihr zu schlafen, beschreibt (vgl. S. 92), fühlt sich Höppner zu ihr hingezogen. An Silvester küssen sie sich auch einmal, als er aber ihre Körpersprache falsch deutet und weitergehen will, ist das kurze Intermezzo schnell vorbei (vgl. S. 129).

Pauline, die nach Erreichen ihrer Volljährigkeit vom Jugendheim in ein Übergangsheim gesteckt wurde, zieht nach dem zufälligen Wiedersehen mit Höppner beim Weihnachtsessen auf den Heuboden des Auerhauses. Außer Höppner scheint niemand die Ironie der Tatsache zu sehen, eine Brandstifterin im Heu unterzubringen – oder es ist ein erneuter Beleg für die Sorgen, die er sich im Gegensatz zu den anderen stets macht. Den Heuboden dekoriert Pauline mit Fotos von sich, mit denen sie versucht, ihre momentane Stimmung festzuhalten. »Es war aber immer die gleiche Stimmung. Immer schwarz. Mal mittelschwarz, mal dunkelschwarz« (S. 187), so die Analyse des Erzählers. Da sie in ihrem Unterschlupf keinen Wasserhahn hat, sammelt Pauline Spucke in einer Tasse, die sie sich über den Kopf kippt, um ihre langsam nachwachsenden Haare zu waschen.

Pauline versteht sich mit den anderen Bewohnern, scheint aber immer ein bisschen für sich zu sein. Wie sie ihre Zeit verbringt, während die anderen in der Schule beziehungsweise bei der Arbeit sind, wird nicht gesagt. Vom Polizeieinsatz zeigt sie sich gänzlich unbeeindruckt. »›Schieß doch‹, murmelte Pauline in die offene Kühlschranktür hinein. Sie guckte den Typen nicht mal an« (S. 174). Nach dem Ende der Auerhauszeit verlieren Pauline und die anderen sich aus

Abb. 3: Pauline aus Heinrich Hoffmanns *Struwwelpeter* (1859)

den Augen. Auf Frieders Beerdigung weiß niemand etwas von ihrem Verbleib. Bogatzki findet schließlich heraus, dass Pauline wegen Brandstiftung mit Todesfolge zu zehn Jahren »Knastklapse. Klapsenknast« (S. 232) verurteilt worden ist.

Nebenfiguren

Harte Arbeit

Theresia Höppner: Theresia Höppner ist die Mutter des Erzählers. Sie arbeitet im Supermarkt (vgl. S. 23) und sammelt dort abgelaufene oder aussortierte Lebensmittel für die WG (vgl. S. 63). Müde und überarbeitet, schafft sie es nicht, viel Anteil am Leben ihres Sohnes zu nehmen. So kommentiert sie die mehrtägige Abwesenheit ihres Sohnes, der sich fürs Schuleschwänzen Entschuldigungen von seiner Freundin schreiben lässt, schlicht mit einem »Na, wieder da?« (S. 23). Auch lässt sie sich zwar von ihm versprechen, ihr nach dem Deutsch-Abi zu berichten, wie es gelaufen ist, sie hat aber nicht die Kraft oder die Kapazität, näher nachzufragen. »Ich sagte: ›Ganz gut gelaufen.‹ Sie sagte: ›Schön.‹ ›Läuft auf einen Schnitt von irgendwas mit drei raus, schätze ich.‹ ›Ist das gut?‹« (S. 195). Sie ist so geschafft, dass sie in der Mittagspause auf dem Parkplatz im Auto schläft. Als sie den Bericht über die Verfolgungsjagd mit der Polizei in der Zeitung liest, hat sie den Verdacht, dass es sich bei den »drei Männer[n] und zwei Frauen, alle im Alter von 18 Jahren« (S. 199 f.), die vorübergehend festgenommen wurden, um ihren Sohn und seine Freunde handelt, sie lässt es aber auf sich beruhen, als dieser mehrfach abstreitet, etwas damit zu tun zu haben.

Höppner beschreibt seine Mutter als »nicht doof« (S. 51) und es ist ihm ein Rätsel, was sie an ihrem Freund findet. »Die klügsten und freundlichsten Frauen hatten die dümmsten Arschlöcher zum Mann« (ebd.).

■ Choleriker

F2M2: Der F2M2, kurz für »fiese[r] Freund meiner Mutter« (S. 11), lebt seit ein paar Jahren beim Erzähler und seiner Familie. Da er recht klein ist, hat er es sich zum Ziel gesetzt, das Haus umzubauen: Er zieht Zwischendecken ein, weil ihm die Räume zu hoch sind. Von Beruf ist er Malergeselle. »Er hatte quasi gelernt, Farbe einigermaßen gleichmäßig zu verteilen« (S. 12), so der wenig beeindruckte Kommentar des Erzählers. Der Stiefvater lässt kein gutes Haar an Höppner, er meckert viel und ist eifersüchtig auf die Mutter-Sohn-Beziehung. »Wenn meine Mutter mal länger als fünf Minuten mit mir sprach, war der F2M2 eingeschnappt und sagte drei Tage lang zur Strafe gar nichts. Dann schüttete er sich sechs, acht Bier in den Kopf, und dann explodierte er« (S. 51). Seine beiden Schwestern können ihren Stiefvater dennoch gut leiden, der Erzähler ist sich aber sicher, dass sich das noch ändern wird: »Sobald [die große] bemerken würde, wie er sie anglotzte, würde sie ihn hassen. [...] Bei der kleinen würde es noch ein paar Jahre dauern bis zum Glotzen und bis zum Hass« (ebd.).

Konservativ und religiös

Herr und Frau Wittlinger (Frieders Eltern): Die Eltern von Frieder halten Rinder und bestellen Felder. Herr Wittlinger arbeitet zusätzlich auf der Post. Höppner beschreibt ihn als ruhigen, schüchternen Mann, mit einer warmen und freundlichen Stimme (vgl. S. 231). Dennoch wird aus der Sorge, das Auerhaus verlassen zu müssen, wenn er von Frieders Ladendiebstahl erführe, deutlich, dass er, und auch seine Frau, klare Moralvorstellungen haben. »Ein Dieb ist für die schlimmer als ein Selbstmörder« (S. 88). Nach Frieders Tod findet sein Vater dessen Tagebuch, in dem Frieder auch von seinem Attentat auf den Christbaum geschrieben hat. Für den gläubigen Herrn Wittlinger keine leichte Sache: »Der Herr wird ihn strafen. Aber so war's« (S. 232). Er erzählt Frieders Freunden auch, dass die Zeit im Auerhaus für seinen Sohn die schönste Zeit gewesen sei. Über Frau Wittlinger erfährt man wenig, außer, dass sie regelmäßig Schlaftabletten schluckt und dabei keinen Überblick über ihren Tablettenvorrat hat, was es Frieder ermöglicht, welche abzuzweigen. Frieders Vater war es, der ihn bei seinem ersten Suizidversuch rechtzeitig fand.

Die Beziehung von Frieders Eltern zu ihrem Sohn ist schwer zu greifen: Auf der einen Seite zeigen sie in ihrem Wunsch, er solle nicht alleine wohnen (vgl. S. 47), und auch in ihrer Unterstützung der WG durch ihr Getreide (vgl. S. 63) ihre Sorge um sein Wohlergehen; auf der anderen Seite steht die Frage nach ihrer Mitverantwortung für Frieders psychischen Zustand. Nicht umsonst soll Frieder nach seinem Suizidversuch nicht zu seinen Eltern zurückkehren. Frieder selbst ist schmerzlich bewusst, dass seine Eltern ihn nicht verstehen.

> »Meine Eltern sind stolz darauf, dass ich aufs Gymnasium gehe. Und wenn ich mal zum Mond fliege, sind sie auch darauf stolz. Aber sie werden es nicht verstehen. […] Wie sich die Schwerelosigkeit anfühlt. Wie die Welt von oben aussieht« (S. 69).

Frieders Eltern sind in ihrem kleinen, dörflichen, religiös geprägten Kosmos gefangen, sie sind gar nicht in der Lage, einen Zugang zu ihrem Sohn zu bekommen, der so ganz anders ist.

Gerhard Bogatzki: Bogatzki ist der Dorfpolizist und Frieder und der WG gegenüber sehr wohlwollend. So verrät er Frieders Vater nichts von dessen Ladendiebstahl und vermutlich ist es auch sein Verdienst, dass der Supermarktbesitzer von einer Anzeige absieht. Als er Höppner höchstpersönlich in seinem Dienstwagen, einem VW-Käfer, zur Musterung fährt, sagt er ihm und Vera, dass er es sehr schön findet, wie sie sich um Frieder kümmern (vgl. S. 150). Auf Frieders Beerdigung ist er es, der herausfindet, warum Pauline nicht gekommen ist.

■ Freund und Helfer

Dr. Turnschuh: Dr. Turnschuh heißt mit echtem Namen Faller (vgl. S. 19) und ist der Deutschlehrer von Frieder, Cäcilia und Höppner. Wie er zu diesem Spitz-

■ Deutschlehrer

namen gekommen ist, weiß keiner – er heißt schon »ewig« (ebd.) so. Seine kahle Platte versucht er zu kaschieren, indem er sich seine seitlichen Haare über den Kopf kämmt. »Wahrscheinlich fühlte er sich zu jung für eine Glatze, dabei war er mindestens schon dreißig« (S. 20).

Strafversetzt

Hoffmann: Herr Hoffmann unterrichtet Sport und Gemeinschaftskunde. Er ist vor einem Jahr neu an die Schule gekommen, da er seine alte Schule wegen eines Wutausbruchs verlassen musste. »Wenn sich an einem der guten Gymnasien ein Lehrer an einem Schüler vergriff, ihm eine scheuerte oder so, dann wurde er zur Bewährung an unsere Schule versetzt« (S. 36). Aufgrund seines miserablen Aufsatzes in der Deutsch-Prüfung hängt das Bestehen des Abiturs für den Erzähler schließlich an der mündlichen Gemeinschaftskundeprüfung bei Herrn Hoffmann. »Hoffmann, der Sadist. Wir hatten es nie geschafft, ihn so zu provozieren, dass er auch von unserer Schule flog. Das rächte sich jetzt« (S. 208).

Zentralverriegelungsaxel

Axel: Axel geht in dieselbe Stufe des Gymnasiums wie die Auerhaus-WG. Als Einziger zu dieser Zeit hat er ein Auto mit Zentralverriegelung – daher rührt auch sein Spitzname: Zentralverriegelungsaxel (vgl. S. 32). Cäcilia, die in ihn verliebt ist, lädt Axel zur Silvesterparty ins Auerhaus ein. Dort knutscht er mit einem »Netzhemd« (S. 126), einem von Harrys schwulen Freunden. Höppner verrät am Ende, dass Axel nach der Party vergeblich versucht hat, mit Cäcilia in Kontakt zu kommen und sich bei ihr zu entschuldigen (vgl. S. 223). Ob Cäcilia Axels Zettel je gelesen hat, bleibt offen, denn Höppner hat die Notizen manchmal bereits seiner Sammlung hinzugefügt, bevor sie ihren Adressaten erreichen konnten.

4. Form und literarische Technik

Gattung

Gattungsvariationen

Auerhaus wurde in seinen zahlreichen Rezensionen mit variantenreichen Gattungsbezeichnungen bedacht: Jugendroman, All-Age-Roman, Adoleszenzroman, Coming-of-Age-Roman.

Jugendbuch?

Die Rezensentin der *Stuttgarter Zeitung* hält die Charakterisierung des Romans als Jugendbuch für zu einfach. Zwar läge dieser Eindruck aufgrund der unaufgeregten Sprache und dem Alter der Protagonisten zunächst auf der Hand, vielmehr sei *Auerhaus* aber etwas für erwachsene Leser, die sich durch die Lektüre mit einem Hauch von Wehmut an ihr eigenes jugendliches Ich zurückerinnern können.[3]

»Falls man sich vor *Auerhaus* schützen wollte, könnte man ihm nachsagen, es sei für junge Erwachsene geschrieben worden. Das ist ein Missverständnis, obwohl die jungen Erwachsenen es sicher mögen werden. Eher ist Bjergs Roman eine Geschichte für jene, die das Erwachsenwerden schon hinter sich haben. Seine Methode und sein Effekt ist die ganz und gar unnostalgische Erinnerung«[4], analysiert auch die *Welt*.

3 Vgl. Julia Bosch, »Über das große Glück und die Melancholie«, in: *Stuttgarter Zeitung*, 17. 9. 2015. (www.stuttgarter-zeitung.de/inhalt.literatur-ueber-das-grosse-glueck-und-die-melancholie.00088ef9-74f1-4e45-b42e-9d3bfaff8667.html)

4 Peter Praschl, »Zeig mir die Achtzigerjahre in zärtlich«, in: *Welt*, 17. 7. 2015. (www.welt.de/kultur/literarischewelt/article144132251/Zeig-mir-die-Achtzigerjahre-in-zaertlich.html)

Ein Jugendbuch sollte *Auerhaus* eigentlich nicht werden, bestätigt Bjerg im Rückblick auf den Schreibprozess. »Es war klar, dass es ein Ich-Erzähler sein sollte, der über die Zeit, die er mit den Freunden im Auerhaus verbringt, erzählt, nachdem die Zeit vorbei ist. Er blickt zurück. Er ist vielleicht 20 Jahre.« Auf die Frage, ob es für ihn denn ein Jugendbuch geworden sei, antwortet Bjerg, er halte es eher für Erwachsenen-Literatur, aber man könne es auch im Alter der Protagonisten lesen.[5] Die Gattungsbezeichnung Jugendroman ist aus der Sicht des Autors also nicht zutreffend, da es sich zwar um ein Buch über Jugendliche, nicht aber primär für Jugendliche handelt. Vielleicht also doch ein All-Age-Roman? »Ein zauberschönes Buch über die Jugend – für jedes Alter«, rezensierte *Spiegel Online* und beantwortet damit für sich die Frage nach der Zielgruppe des Romans.

Coming-of-Age-Geschichte

Der Begriff Coming-of-Age bedeutet übersetzt Erwachsenwerden oder Heranwachsen. Romane oder Filme, die als Coming-of-Age-Geschichte bezeichnet werden, thematisieren die Entwicklung eines meist noch jungen und unerfahrenen Protagonisten, der sich zum ersten Mal in seinem Leben mit den grundsätzlichen Fragen der menschlichen Existenz konfrontiert sieht. *Auerhaus* als Coming-of-Age-Roman zu bezeichnen, hat also durchaus seine Berechtigung, wenn man die Hauptfiguren und ihre Themen betrachtet.

5 Vgl. Bosch (s. Anm. 3).

Aufbau und Erzähltechnik

Der Roman besteht aus drei Kapiteln, wobei mit knapp 200 von insgesamt 236 Seiten das meiste Gewicht auf dem zweiten Kapitel liegt.

■ Begründung der Erzählabsicht

Der Roman beginnt mit einer Episode, die für den Erzähler alles enthält, »was jeder von Frieder wissen sollte« (S. 9): Frieder fällt an Heilig Abend den örtlichen Weihnachtsbaum und liegt lachend im Schnee. Mit dieser Aktion bringt Frieder zum Ausdruck, was er vom dörflichen Leben und den damit verbundenen Werten hält. Höppner entscheidet sich bewusst dagegen, seine Erzählung mit dem Anfang ihrer gemeinsamen Geschichte oder deren Ende – dem Tod Frieders, wie der Leser später erfährt – anzufangen.

Es folgt im zweiten Kapitel die Geschichte von Frieders erstem Suizidversuch, dem gemeinsamen Umzug in das Auerhaus, dem Leben als WG, bevor es mit der Wunschversion des Erzählers endet. »In meinem Zukunftssimulator gab es keine Abstürze, keine Verletzten und keine Toten. Da gab es bloß schönes Wetter« (S. 205). Kapitel drei offenbart dann das wirkliche Ende, das mit dem zuvor geschilderten »Abspann« (S. 203) wenig gemein hat. »Im richtigen Leben waren die Landungen härter« (S. 205). Statt im »bornierte[n] Eskapismus« (ebd.) der heilen Welt, wie der Erzähler seine Sonnenschein-Version, sein herbeifantasiertes Happy-End nennt, endet die Geschichte in der Katastrophe. »Es war alles wahr. Es war alles endgültig entschieden« (S. 220).

Dieses Ende aber bringt Höppner erst dazu, die Geschichte des Auerhauses und seiner Bewohner zu erzählen, es begründet somit die Erzählabsicht.

Zeitgestaltung

Die erzählte Zeit, also der Zeitraum, den die Romanhandlung umfasst, erstreckt sich in etwa über eineinhalb Jahre. Es ist Herbst, als Frieder die Psychiatrie das erste Mal verlassen darf (vgl. S. 38). Da er dort einige Wochen verbracht hat, lässt sich der Beginn der Handlung in etwa auf den Spätsommer zurückdatieren. Weihnachten und Silvester feiern sie gemeinsam in der WG, im Frühjahr folgen das Abitur und bald darauf der Auszug aus dem Auerhaus. Der Erzähler lässt den Leser wissen, dass Frieder an einem Gründonnerstag, dem Donnerstag vor Ostern, beerdigt wird (vgl. S. 218) – mutmaßlich im Folgejahr nach dem Ende der gemeinsamen WG-Zeit.

■ Erzählte Zeit

Da die erzählte Zeit im Bezug zur Erzählzeit, der Zeit also, die der Leser zum Lesen des Textes braucht, deutlich länger ist, liegt ein zeitraffendes Erzählen vor.

■ Erzählzeit

Die Handlung spielt in den späten 1980er-Jahren. Konkrete Hinweise darauf geben neben den beiläufig eingestreuten zeitgeschichtlichen Referenzen (Berlin als Sehnsuchtsort für Wehrdienstvermeider, Gastarbeiterfamilien, die an der Telefonzelle Schlange stehen) die Songs, die die Protagonisten hören. Der titelgebende Song *Our House* von *Madness* wurde be-

■ Zeitliche Verortung

reits im Jahr 1982 veröffentlicht, die Silvesterhymne *The Final Countdown* der schwedischen Band *Europe* hingegen erst 1986 und der *Godfathers*-Titel *Birth, School, Work, Death* sogar erst 1988.

Erzählform und Erzählverhalten

- Personaler Ich-Erzähler

Höppner ist der personale Ich-Erzähler des Romans. Da er die Geschichte des Auerhauses retrospektiv erzählt, kann er Vorausdeutungen und Anspielungen auf den weiteren Verlauf der Handlung einfließen lassen. »Jedenfalls, als die Sache passierte, da war ich gar nicht da« (S. 11) – hier lässt Höppner den Leser ja bereits wissen, dass etwas passiert ist, ohne aber zu verraten, was genau. Höppner, der oftmals eher wie ein Beobachter als ein aktiv Handelnder wirkt und der dennoch Teil der erzählten Welt ist, erzählt die Geschehnisse aus seiner persönlichen Sicht. Er ist kein neutraler, außenstehender Erzähler. Es sind seine Erinnerungen, seine Gedanken und Gefühle, die den Leser mit den Figuren bekannt machen und ihn durch den Roman leiten. Die Gedanken und Gefühle seiner Freunde kennt er nicht, er kann ihnen nicht in den Kopf blicken, wie es einem auktorialen Erzähler möglich wäre. Er entscheidet auch, was er überhaupt erzählt und welche Gespräche oder Ereignisse er im Gegenzug unberücksichtigt lässt. So erzählt er beispielsweise nicht, wie es mit ihm und Vera nach dem Ende des Auerhauses weitergegangen ist. Die subjektive Färbung des Erzählten ist daher stets im

- Teil der Geschichte
- Subjektives Erzählen

Hinterkopf zu behalten. Es ist seine Version der Geschichte.

Kopfkino

Ein Charakteristikum von Höppners Erzählweise ist sein regelmäßig ablaufendes ›Kopfkino‹. Immer wieder stellt er sich vor, wie eine Situation weitergehen könnte. So imaginiert er bei seinem ersten Spaziergang mit Frieder durch den Park der psychiatrischen Klinik, was wäre, wenn die geschlossene Abteilung jetzt auch seine Welt wäre, weil er versucht hatte, sich das Leben zu nehmen und auch vorhatte, es wieder zu tun.

> »Ich hatte mich zum Tode verurteilt. Weil ich auf der Welt war. Das war ein Verbrechen, klar. [...] Ein Mann im weißen Kittel. Er zeigte zum Galgen. Ich lachte. Guter Witz. [...] Ein Sarg stand neben dem Galgen. Wo waren die Sargträger? ›Geht nicht‹, sagte ich zu dem Arzt. ›Keine Sargträger.‹ Der Arzt sagte: ›Ich gebe Ihnen eine Spritze. Ein Beruhigungsmittel.‹ ›Was ist?‹ Das war Frieder. Ich musste gar nicht sterben. Der F2M2, das Abi, Vera, Frieder, alle Sorgen waren auf einmal ganz winzig. Ich konnte weiterleben« (S. 40 f.).

Interessant an dieser Stelle ist der Aspekt der fehlenden Sargträger in Höppners Tagtraum – auch bei Frieders Beerdigung fehlen die Sargträger, was Höppner, der ja rückblickend erzählt, an dieser Stelle natürlich schon weiß.

An Heiligabend, auf dem Weg von seiner Familie

zum Weihnachtsessen der Obdachlosen, verliert er sich wieder in der Vision seines eigenen Todes. Da ihn kein Auto mitnehmen will, geht er zu Fuß im Straßengraben.

Vision des eigenen Todes

> »Der Boden war gefroren, und ich stellte mir vor, wie ich eine tiefe zugefrorene Pfütze übersah und ins Eis einbrach. Ich lag im Graben. Ich konnte nicht mehr aufstehen. [...] Ein wahnsinniger Schmerz. Ich schrie wie am Spieß, aber niemand hörte mich. [...] Dann wurde ich bewusstlos. Ich erfror. Ein junger Mann erfror an Heiligabend allein im Straßengraben, während andere sich unterm Weihnachtsbaum im Kreise ihrer Liebsten wärmten. Der junge Mann hatte in die Stadt gewollt, um den Ärmsten zu helfen, aber niemand hatte ihn mitnehmen wollen. In einem der reichsten Länder der Welt« (S. 101 f.).

Auch der Abspann, das Wunschende des Erzählers am Ende des zweiten Kapitels, stellt ein Beispiel für seine Ausflüge in das Reich der Fantasie zur Erprobung alternativer Zukunftsmöglichkeiten dar. Hier präsentiert er ein Happy End, das so in der Realität keine Chance hatte, und gibt sogar an, gar nicht anders zu können, als sich »eine geheilte Welt« (S. 205) vorzustellen. »In meinem Zukunftssimulator gab es keine Abstürze, keine Verletzten und keine Toten. [...] Der wunschprogrammierte Autopilot übernahm die Landung, und ich guckte einfach zu, wie das Flugzeug niederschwebte auf die Gänseblümchenwiese« (ebd.).

Happy End aus dem Zukunftssimulator

Sprache und Stil

Die Sprache des Romans ist von den Kritikern als unaufgeregt, empathisch und authentisch beschrieben worden – seinen jugendlichen Protagonisten entsprechend.

Lieblingsworte: egal, jedenfalls, quasi

Wie jeder Mensch hat auch der Erzähler Höppner bestimmte Lieblingsworte, die ihm immer wieder über die Lippen kommen. Wenn er abschweift, ruft er sich mit »egal« selbst zur Ordnung und knüpft inhaltlich wieder an seinen kurzzeitig fallen gelassenen Erzählfaden an. So zum Beispiel, als er erzählt, wie es dazu kam, dass er während Frieders Suizidversuch gar nicht zuhause war. Grund für seine Abwesenheit war der erneut aufgeblühte Renovierungswahn des F2M2 und seine Flucht vor der ansonsten unvermeidlichen Mithilfe. Die Erwähnung des Freundes der Mutter führt den Erzähler zunächst dazu, zu berichten, wie Frieder einst den Spitznamen abgewandelt hatte, bevor er ihn dann doch genau so übernahm:

> »Jetzt nannte er ihn F2M2, genau wie ich. Das war auch seltsam, es war ja nicht seine Mutter, aber irgendwie war es auch okay. Ich hatte bloß zwei kleine Schwestern, aber wenn Frieder den Freund meiner Mutter auch F2M2 nannte, war das ein bisschen so, als ob ich noch einen Bruder hätte. Egal« (S. 11).

Auch das träumerisch-entzückte Betrachten von Veras Kehrseite beendet er selbst mit diesem Wort:

> »Ihr Körper schwang beim Gehen ein bisschen hin und her, die schmalen Schultern, die Taille, der Po. Das sah wahnsinnig schön aus. Von mir aus hätte sie noch weiter gehen können als bloß bis zu den Lastwagen. Aber dann hätte ich sie nicht mehr so gut sehen können. Egal« (S. 17; weitere Beispiele: S. 33, 52, 54 u. ö.).

Sein Weitererzählen nach diesen Exkursen sowie generell neue Abschnitte beginnt der Erzähler dann oft mit dem Wort »jedenfalls«. »Jedenfalls, sie quatschte jeden an, der aus seiner Kabine rauskletterte« (S. 17); »Jedenfalls, ich hatte von der Sache überhaupt nichts mitbekommen« (S. 19); »Jedenfalls, ich kam reichlich spät am Gemeindesaal an« (S. 102, weitere Beispiele: S. 11, 112, 145 u. ö.).

Auf die häufige Verwendung eines weiteren Wörtchens weist ihn Pauline am Silvesterabend hin. »Quasi, quasi, quasi. Du immer mit deinem quasi! Entweder oder, hopp oder top, ganz oder gar nicht! Warum denn immer quasi?« (S. 127). Höppner ist zwar zunächst irritiert, dass Pauline sich wegen eines einzigen Worts so aufregt, erkennt dann aber, dass »quasi« eigentlich ganz gut zu ihm passt. »Ich wusste meistens nicht, was ich wollte, da hatte Pauline schon recht« (S. 128).

Seine Abneigung gegen die Bundeswehr und ihre

Angehörigen bringt Höppner mit dem Begriff »Spezial-Schwachmaten« zum Ausdruck. »Rumzuballern und durch den Dreck zu kriechen und dauernd nach der Pfeife von irgendwelchen Spezial-Schwachmaten zu tanzen, das war nicht mein Fall« (S. 32). Für besonders harte Fälle gibt es auch noch eine Steigerung: »Oje, dachte ich. Ein Spezial-Spezial-Schwachmat. Ein Spezial-Spezial-Schwachmat, der ohne schlechtes Gewissen zwölf Jahre lang nackte Russen über den Haufen schießen würde, sogar auf Befehl« (S. 163).

Spezial-Schwachmat

Neben seinen manchmal recht einfach wirkenden, parataktischen, kurzen, oftmals unvollständigen Sätzen finden sich aber auch Passagen, die seine Fähigkeiten als guter Beobachter unter Beweis stellen und zeigen, dass er treffend in Worte fassen kann, was er sieht. »Er setzte sich. Das sah so ungelenk aus, als wären ›er‹ und ›sich‹ zwei verschiedene Personen« (S. 26) – so beschreibt Höppner Frieders steife Bewegungen bei seinem ersten Besuch in der Psychiatrie. Ein Vergleich wie »Die Atemwolken standen in der Luft wie leere Sprechblasen« (S. 142) lässt sofort das passende Bild vor Augen erscheinen.

Guter Beobachter

Charakteristisch für seine Unterhaltungen mit Frieder ist die Gesprächseröffnung mit dem einfachen Wörtchen »und?«: »Frieder dachte den ganzen Tag nach. Wenn er etwas rausgefunden hatte, sah er mich kurz an, als ob er auf eine Einladung wartete. Dann sagte ich ›Und?‹, und Frieder sagte, was er rausgefunden hatte« (S. 65). Mit genau diesem Gesprächsmuster endet der Roman auch. »Eine ganze Weile dachte ich

»Und?«

noch, ich könne mich in Gedanken mit Frieder unterhalten. Ich fragte: ›Und?‹ Manchmal sagte er: ›Wird schon.‹ Manchmal sagte er: ›Das geht nicht gut aus‹« (S. 236).

Frieders Sprache

Aus Frieders Sätzen klingt stellenweise fast schon eine Art Weisheit. Er spricht bildreich, wortgewandt und manchmal nahezu zitierreif – was Höppner sich ja in seinem Abi-Aufsatz direkt zunutze macht, wenn er seinen Freund mit den Worten »Literatur ist das Papier, mit dem sich jedes Arschloch putzt« (S. 170) zitiert. Wenn Frieder Sätze sagt wie »Ich wollte mich nicht umbringen. Ich wollte bloß nicht mehr leben. Ich glaube, das ist ein Unterschied« (S. 65) oder »Was man theoretisch richtig findet, das kann ziemlich weit weg sein von dem, was man praktisch aushalten kann« (S. 130), wirkt das beinahe philosophisch. Die Melancholie, die in diesen Worten mitschwingt, ist spürbar präsent. Es sind Sätze, die ein Jugendlicher in Frieders Alter nur sagen kann, wenn er die Schattenseiten des Lebens schon gesehen hat. »Das Saufen schiebt den Suizid raus. Manchmal so weit, dass man am Saufen stirbt« (S. 171).

Vergänglichkeit und Nostalgie

Das den Roman bestimmende Gefühl von nostalgischer Erinnerung an die eigene Jugend, an Momente, die unwiederbringlich passé sind und deren Flüchtigkeit man sich oft im Moment des Erlebens nicht bewusst ist, bringt folgende Beschreibung Frieders auf den Punkt:

> »Du hast die Augen zu und treibst auf deiner Luftmatratze, ein sanfter Wind weht, und du denkst, geil, jetzt lebe ich für den Rest meines Lebens hier in dieser Lagune, in der Südsee. Und dann machst du die Augen auf und merkst, es ist bloß ein Nachmittag am Baggersee, und zack ist der auch schon vorbei« (S. 214).

»Wir hatten immer so getan, als ob das Leben im Auerhaus schon unser richtiges Leben wäre, also ewig« (ebd.), sagt der Erzähler, und man vernimmt dabei beinahe ein leises Seufzen.

Natürlich muss bei der Analyse von Frieders Sprache beachtet werden, dass der Leser sie nicht im Originalwortlaut liest, sondern sie ihm durch den Erzähler vermittelt wird.

Viele Dialoge

Charakteristisch für die Sprachgestaltung des Romans sind auch die zahlreichen Dialoge, die die Erzählpassagen Höppners immer wieder aufbrechen.

> »Cäcilia sagte: ›Kreislauf?‹ Frieder sagte: ›Als ich nach Hause kam, lag er mit dem Gesicht auf dem Tisch.‹ Vera fragte: ›Warum bist du nicht in die Schule gekommen?‹ Frieder: ›Ich bin zur Telefonzelle und hab den Notarzt gerufen.‹ Cäcilia fragte: ›Und davor?‹ Frieder: ›Einkaufen.‹ Ich sagte: ›So lange?‹ Frieder sagte: ›Sie haben mich erwischt. Na ja, fast.‹« (S. 76 f.).

Diese Dialoge spiegeln die Bemühungen der Freunde wider, Frieder durch das viele Reden im Leben zu halten (vgl. S. 61).

5. Quellen und Kontexte

Idee und Entstehung

Eigentlich arbeitete Bov Bjerg gerade an einem ganz anderen Projekt, einem großen Prosaprojekt, das er dann aber schließlich verwarf, und beschloss, sich stattdessen einer alten Idee zuzuwenden. Die Geschichten aus seiner Jugend, aus seiner Zeit in einer Schüler-WG, die Bjerg im Rahmen einer Lesung zu *Deadline* seinem jungen Publikum erzählte, riefen bei den Schülern deutlich mehr Interesse hervor als sein Roman. Zwei Jahre später war *Auerhaus* fertig.[6]

■ Geschichte aus der Jugend

Ein Bekannter des Autors, der Journalist Klaus Ungerer, erinnert sich an diese Zeit zurück.

> »[…] irgendwann eines Tages meldete Bov, der aus meiner beschränkten Sicht Abgetauchte, sich mit einer Frage in der Facebook-Runde zurück: Was wohl wir, wenn ein Roman *Auerhaus* hieße, damit intuitiv verbinden würden. Einige, so auch ich, waren da zunächst ratlos. Einige schalteten, dass das eine Eindeutschung des alten *Madness*-Hits sei […]. Viele waren angetan vom Titel und lobten seine Ausstrahlung, derweil ich dachte: Was hat denn

6 Jochen Overbeck, »Jetzt bin ich der, der Auerhaus geschrieben hat«, in: *Spiegel Online*, 18. 7. 2016. (www.spiegel.de/kultur/literatur/bov-bjerg-jetzt-bin-ich-der-der-auerhaus-geschrieben-hat-a-1103160.html).

dieser Titel mit seiner Großprosa zu tun, über der er die letzten Jahre mutmaßlich gebrütet hat?«[7]

Madness: Our House

Es war weniger der konkrete Text des Songs als seine eingängige Melodie, die Bjerg beim Schreiben im Kopf hatte und ihn schließlich auf die Idee brachte, daraus den Titel des Romans zu basteln.[8]

Alles Fiktion? Autobiographische Bezüge

Das Auerhaus gab es wirklich

»Alle Personen sind erfunden, alle Handlungen verjährt«, schreibt Bjerg vor seinen Romananfang. Dennoch ist offensichtlich, dass *Auerhaus* einige reale und autobiographische Bezüge enthält. Obgleich der Autor immer wieder betont, dass er die Parallelen zwischen seinem eigenen Leben und der Romanhandlung beziehungsweise den Figuren nicht näher ausführen und *Auerhaus* als fiktive Geschichte verstanden wissen will, verrät er in einem Interview, dass das Auerhaus selbst kein Fantasieprodukt ist. »Die Schüler-WG, um die es geht, gab es wirklich. In einem Göppinger Stadtbezirk, den ich hier jetzt aber nicht namentlich nennen möchte. Das Auerhaus hieß Auerhaus, weil bei uns oft der Madness-Song *Our House* lief. Für die Nachbarn war unser Haus deshalb das Auerhaus.«[9]

7 Klaus Ungerer, »Prenzlauer Bjerg«, in: *Die literarische Welt*, 16.7.2016.
8 Vgl. Bov Bjerg im Gespräch mit Ute Wegmann (s. Anm. 1).
9 Bov Bjerg im Interview mit Andreas Pflüger: »Eine WG-Geschichte, kein Rachefeldzug«, in: *Stuttgarter Nachrichten*,

Zwar erwähnt Bjerg in seinem Roman nie den Namen des Ortes, in dem das Auerhaus steht und seine Bewohner zur Schule gehen – es ist lediglich von einem schwäbischen Dorf in der Nähe Stuttgarts die Rede –, dennoch können Ortsansässige oder Recherchewillige einige der Handlungsorte leicht konkretisieren. So wurde das »Gymnasium am Stadtrand«, das im Gegensatz zu den anderen Gymnasien nicht danach heißt, »was die Schüler mal werden sollten«, sondern danach, »wo wir herkamen« (S. 36), erst sieben Jahre nach seiner Gründung in »Werner-Heisenberg-Gymnasium« umbenannt – das Gymnasium, an dem der Autor 1984 sein Abitur ablegte. Obwohl das WHG bei seiner Gründung im Jahr 1968 »Progymnasium im Aufbau Göppingen-Holzheim« genannt wurde und die Taufe auf den Namen des berühmten Physikers und Philosophen Heisenberg bereits 1975 – also einige Jahre vor der Zeit der Romanhandlung – erfolgte, ist die Referenz klar. Eine Abrechnung mit der eigenen Schulzeit und den Lehrern soll *Auerhaus* aber keinesfalls sein.[10]

■ Identifizierung der Handlungsorte

Auch Zeitkolorit – obwohl in Nebensätzen anklingend – soll nicht im Fokus stehen. »Ich wollte alles raus haben, was die sogenannte Popliteratur ausmacht, diese Einvernehmlichkeit aufgrund irgendwelcher ge-

■ Zeitkolorit – sparsam verwendet

20. 2. 2016. (www.stuttgarter-nachrichten.de/inhalt.bov-bjerg-kommt-mit-seinem-bestseller-auerhaus-nach-goeppingen-eine-wg-geschichte-kein-rachefeldzug.48f69866-48f6-4b86-a557-81d320243e44.html).

10 Vgl. Bjerg im Interview mit Andreas Pflüger (s. Anm. 9).

meinsamer Konsumerfahrungen oder Markennamen oder auch der sehr zeitgebundenen Themen.«[11] Ein Beispiel dafür stelle Höppners Abneigung gegenüber dem Wehrdienst dar. Das in den 80er-Jahren präsente Thema der Friedensbewegung kommt bei ihm überhaupt nicht auf. Er entscheidet einfach, dass er für sich das nicht will und flieht nach Berlin, wo zu dieser Zeit keine Wehrpflicht herrscht. Das Thema wird nicht politisiert, es geht nur um Höppner selbst, nicht um ein höheres Ziel. »Das Auerhaus und dessen Bewohner werden nicht ausstaffiert mit Nutellagläsern und Bundeswehrparkas, es steht auch kein Golf vor der Tür; Bjerg kommt ohne die Utensilien der konsumistischen BRD aus und erzeugt trotzdem den miefigen Kohl-Geruch jener Jahre.«[12]

11 Andrea Vilter im Gespräch mit Bov Bjerg. (www.staatstheater-wiesbaden.de/download/14096/auerhaus_materialmappe.pdf).

12 Alex Rühle, »Schwäbische Lagune«, in: *Süddeutsche Zeitung*, 8. 1. 2016. (www.sueddeutsche.de/kultur/comin-of-age-schwaebische-lagune-1.2809565).

6. Interpretationsansätze

Das Auerhaus – Schutzzone auf Zeit

»Das Auerhaus war vorbei. Frieder war so allein wie vorher. Aber jetzt kannte er den Unterschied« (S. 224).

Das Auerhaus ist auf der einen Seite natürlich ein innerhalb der Romanhandlung real existierendes Gebäude, in dem sechs Freunde als Wohngemeinschaft zusammenleben. Es ist Handlungsraum (größere Passagen der Handlung finden im Haus statt) und Lebensraum der Figuren. Andererseits stellt das Auerhaus auch einen Symbolraum dar. Es steht – auch rückblickend betrachtet – für die Übergangszeit an der Schwelle zum Erwachsenwerden, für die Möglichkeit, einen ersten eigenen Lebensentwurf zu proben, der eben nicht in den vorgefertigten Bahnen verläuft. Gleichzeitig ist von Anfang an klar, dass es sich um eine zeitlich begrenzte Schutzzone handelt – nach dem Abitur wird jeder seiner Wege gehen, dann beginnt das richtige Leben nach dem, was sich schon wie das richtige Leben angefühlt hat. »[W]ir lebten ein richtiges Leben mit Aufstehen und Frühstückmachen und Federballspielen, mit Essenbesorgen und zusammen Kochen« (S. 60).

■ Handlungsraum, Lebensraum, Symbolraum

Zur Gründung der Auerhaus-WG kommt es, da die Ärzte Frieder raten, bei seinen Eltern auszuziehen. Da er aber auch nicht alleine wohnen soll, kommt die Idee auf, mit Höppner in das leerstehende Haus seines Großvaters zu ziehen. Höppner fürchtet sich zwar

■ Entstehung des Auerhauses

vor der großen Verantwortung, will seinem Freund aber keinesfalls absagen. Also zieht Vera auch mit ein – geteilte Verantwortung ist halbe Verantwortung. Da Vera von ihren Eltern aus allerdings nicht allein mit zwei Jungs zusammenziehen darf, wird ihre Freundin Cäcilia die vierte Mitbewohnerin. An Weihnachten folgen schließlich Harry und Pauline, die beide einen Zufluchtsort nötig haben. Harry, weil er nach seinem Outing nicht mehr nach Hause kann oder will, und Pauline, weil sie nach ihrem Aufenthalt in der Psychiatrie im Übergangsheim lebt – ohne zu wissen, was nach diesem Übergang kommen soll.

Der primäre Grund und das primäre Ziel der Gründung der Auerhaus-WG ist klar: »Aufpassen auf einen von uns, der mal versucht hatte, sich umzubringen« (S. 61). Dennoch hat das Auerhaus für jeden seiner Bewohner noch eine ganz eigene Bedeutung, die über die gemeinsame Verantwortung für Frieder hinausgeht.

Befreiung und Entfaltung

Für Höppner ist es die Gelegenheit, dem ungeliebten Stiefvater und somit der bedrückenden Atmosphäre zuhause zu entkommen. Sein Auszug gelingt »ohne großen Knall« (S. 52), zum einen hat er ein ehrenhaftes Motiv und zum anderen muss er im Haus von Frieders Großvater keine Miete bezahlen. Das befreiende Gefühl nach der Lösung vom elterlichen Zuhause lässt nicht lange auf sich warten. »Ich musste nicht mehr auf dem Bett hocken und in die Glotze glotzen. Ich konnte im Haus rumgehen ohne Furcht, vom F2M2 einen dummen Spruch zu kassieren«

(S. 59). Sein Aufblühen ist nicht nur ein persönliches Gefühl, sondern zeigt sich auch in einer körperlichen Veränderung. »Du gehst gar nicht mehr so gebückt. Du bist immer so gebückt gegangen im Haus«, beobachtet Cäcilia (vgl. ebd.).

Sich geborgen fühlen

Höppner fühlt sich in seinem neuen Zuhause geborgen, eine Erfahrung, die er vermutlich so auch unabhängig vom F2M2 noch nicht gemacht hat, denn obwohl er zu seiner Mutter kein schlechtes Verhältnis hat, ist diese durch ihre Arbeit so sehr eingespannt, dass sie kaum Zeit und Kraft für ihren Sohn aufbringen kann. »Der Geruch. Die Stimmen. Die Wärme. Die anderen gaben acht auf mich« (S. 90). Schnell ist für ihn das Auerhaus zum echten eigentlichen Zuhause geworden. »Am 24. Dezember war ich zuhause. Das heißt, ich war bei meiner Familie. Zuhause war ich eigentlich im Auerhaus. Aber das verstanden bloß die, die auch im Auerhaus zuhause waren« (S. 99). Höppner lässt in seiner Funktion als Erzähler den Leser an mehreren Stellen wissen, wie bedeutsam das Auerhaus für ihn ist. Er ist besorgt darüber, dass Frieders Eltern sie aus dem Haus werfen könnten, wenn sie vom Ladendiebstahl ihres Sohnes erführen und ärgert sich über Frieders Unbekümmertheit. »Es ärgerte mich, dass er das so gelassen sagte. Als ob ein Rausschmiss für ihn gar nicht so schlimm wäre, weil er ja eine Alternative hatte. Sogar zwei: Suizid oder zurück in die Klapse« (S. 88). Sein Ärger impliziert, dass Höppner für sich derzeit keine Alternative zum Auerhaus sieht. Zu seinen Eltern zurückzugehen ist

Möge es ewig währen

undenkbar, und vor dem Abitur kann er auch noch nicht nach Berlin ziehen. Auch seine Panikattacke an Silvester unterstreicht den Stellenwert der gemeinsamen WG (vgl. S. 123 f.). Ginge es nach ihm, würde die Gemeinschaft sich nie auflösen. »Wir blieben im Auerhaus wohnen, bis Harry mit der Lehre fertig war. Dann zogen wir alle nach Köln. Wir mieteten ein runtergekommenes Haus, mitten in der Stadt« (S. 203), heißt es in Höppners Wunsch-Abspann.

Die schönste Zeit

Welche Bedeutung das Auerhaus für Frieder hatte, erfahren der Leser und auch der Erzähler, obwohl dieser es längst wusste, am Ende des Romans aus dessen Tagebuch. Frieders Vater hat es nach seinem Tod gefunden. »Die Zeit im Auerhaus, das ist seine schönste Zeit gewesen. Das hat er in das Buch geschrieben« (S. 231 f.). Bjerg bezeichnet den Einzug ins Auerhaus für Frieder als einen Weg raus, als eine zeitweilige Heilung.[13] Obwohl er phasenweise in sich gekehrt, schweigend vor sich hin grübelt, geht Frieder in der Gemeinschaft auf. Er kocht gerne für alle, beteiligt sich an den WG-Aktivitäten wie Schlittenfahren, Plätzchenbacken oder Kino und ist für seine Freunde da. Es scheint, als gelänge es ihm temporär, das erdrückende und ganz tief in ihm verankerte Gefühl der Einsamkeit zu überwinden. Bis ihn die nächste Welle der Traurigkeit überkommt. Als das Leben im Auerhaus zu Ende ist, und es diesen Gegenpol durch die Gemeinschaft nicht mehr gibt, schafft er es nicht, die

13 Vgl. Bov Bjerg im Gespräch mit Ute Wegmann (s. Anm. 1).

Dunkelheit von sich fernzuhalten. »Frieder hatte Angst, unter Leute zu gehen. Er war allein. Er war wie gelähmt. Er wollte anders sein. Er konnte nicht anders sein« (S. 222). Einen möglichen vorausdeutenden Hinweis darauf, dass selbst die größtenteils als positiv empfundene Auerhauszeit keine endgültige Überwindung seiner Dämonen bieten konnte, dass sie vielleicht nur ein Aufschub des Unvermeidlichen war, liefert der »Darkroom«. Frieders extreme Reaktion auf die Idee, den Raum bewohnbar zu machen (vgl. S. 114), verweist auf seine offenen Wunden. Zwar dient der Raum nur als Rumpelkammer (vgl. S. 113), spielt also keine aktive Rolle im WG-Leben, seine symbolische Bedeutung behält er jedoch. Vielleicht war ein Neuanfang an einem derart vorbelasteten Ort von vornherein unmöglich – denn wie kann ein Ort Geborgenheit und Wärme bieten, wenn die Erinnerung an traumatische Erlebnisse dauerhaft präsent ist? Was Frieder als Kind genau erlebt hat, bleibt zwar offen, dennoch ist es nicht schwer, sich auszumalen, welche Spuren ein enges, fensterloses Kinderzimmer auf einer so empfindsamen Seele hinterlassen haben mag. »[W]ir kamen gar nicht auf die Idee, dass auch in einem Zimmer ohne Luft und Tageslicht jemand hätte wohnen können« (S. 114).

■ dunkle Erinnerungen

Wovor Vera flieht, wird nur angedeutet, als sie nach dem Weihnachtsessen mit der Familie sagt: »Ich hab mir das Hirn erfroren bei meinen Eltern« (S. 108).

Bei Cäcilia wundert sich Höppner, dass sie überhaupt ins Auerhaus ziehen möchte – sie kommt ja als

Einzige aus einer wohlhabenden Familie und lebt ein Leben mit allerlei Privilegien. Genau diesem goldenen Käfig möchte sie aber entfliehen. »Ich brauch das alles nicht!« (S. 57), schleudert sie ihrer Mutter wütend entgegen. Sie will sich von ihren Eltern lösen, auf eigenen Füßen stehen und nimmt von ihnen auch kein Geld mehr an. »Das war gut für ihren Stolz, aber für uns war es schlecht« (S. 63). Da für sie bereits vor dem Abitur feststeht, dass sie in Amerika studieren möchte, und dies allein schon finanziell ohne die Hilfe ihrer Eltern kaum möglich ist, ist klar, dass ihr Autonomiebestreben nur eine Phase sein kann.

- Auf eigenen Füßen stehen

Die freundschaftliche Atmosphäre, die Leichtigkeit, die trotz der Sorge um Frieder im Auerhaus herrschen, scheinen auf Harry gleich bei seinem ersten Besuch eine magische Anziehungskraft auszuüben. Fortan sitzt er jeden Abend in der WG-Küche. Trotz seines stellenweise proletenhaften Auftretens (»Ich kauf mir ein Auto. […] Eins, das ordentlich Sprit schluckt. Bimmelbahn, Omnibus, Fahrrad! Wir sind doch nicht bei armen Leuten!« (S. 72)) und seines riesigen Bekanntenkreises sucht auch er Geborgenheit. Dies ist der Grund, warum er nach seinem Outing an Weihnachten direkt ins Auerhaus fährt und einfach dort bleibt.

- Freiheit und Geborgenheit

Gewissermaßen ist das Auerhaus für all seine Bewohner ein Übergangsheim, nicht nur für Pauline, die ja wirklich aus einem Übergangsheim kommt. Obwohl Pauline immer auch ein bisschen für sich bleibt, auf ihrer Heuboden-Insel (vgl. S. 187) lebt, fin-

- Übergangsheim

det sie nach ihrer Vergangenheit in Jugendheim und Psychiatrie in der WG so etwas wie ein Zuhause, wie eine Familie.

»Wozu lebst du eigentlich?« – Lebensentwürfe oder die Suche nach dem Sinn

Einer der meist zitierten Sätze aus *Auerhaus* ist Höppners Beschreibung seiner Mitschüler aus der Oberstufe. »Hätte man sie vor einer Klausur gefragt: ›Wozu lebst du eigentlich?‹, hätten sie geantwortet: ›Das kommt nicht dran, das müssen wir nicht wissen‹« (S. 68). Hieran wird deutlich, dass sich die meisten jungen Erwachsenen – zumindest Höppners Empfinden nach – keine Gedanken über Sinn und Unsinn ihres Lebens machen. Sie stellen sich diese existenzielle Frage überhaupt nicht. Für sie ist klar, wie es nach dem Abitur als Erwachsene weitergeht und sie können daran nichts Problematisches finden. »Sie verpuppten sich, machten Abi und studierten, und wenn der Kokon platzte, sahen sie aus wie ihre Eltern. Sie übernahmen die Praxis, die Kanzlei, das Ingenieurbüro. Sie erbten von ihren Eltern das Abitur und das Leben« – eben »Birth, school, work, death« (ebd.). Bis auf Cäcilia und Harry, der schon bei »work« ist (S. 70), wissen die anderen Auerhaus-Bewohner nicht so genau, wie es bei ihnen weitergehen soll. Was sie allerdings wissen, ist, dass »Heiraten und [...] Kinderkriegen« (S. 67) nicht der Sinn ihres Lebens sein kann. »Du spinnst«, antwor-

■ Alles steht fest

■ Das kann nicht alles sein

tet Vera auf Höppners Frage, ob sie mal Kinder wolle (vgl. S. 17).

Doch heiraten und Kinder kriegen?

Interessant in diesem Zusammenhang ist die Betrachtung von Höppners Wunsch-Abspann, dem imaginierten alternativen Ende. Auch wenn Höppner sagt, er habe versucht, ein anderes Ende zu simulieren: Seine Zukunftsvision enthält trotz der Abneigung gegen »Birth, school, work, death« sehr konventionelle Lebensentwürfe. Ein gutes Abitur, obgleich man sonst nicht den Eindruck gewinnt, dies wäre Höppner besonders wichtig, Frieder und Pauline als glückliches Paar mit Kindern, Frieder eben doch nicht als Fahrradmechaniker, sondern seinem brillanten Kopf entsprechend als Professor tätig und Anwärter auf den Physik-Nobelpreis, er selbst als Hausmann bei den gemeinsamen Kindern mit Vera, während sie erst Lehrerin und dann Schulleiterin geworden ist. »So hätte von mir aus alles ausgehen können« (S. 205), sagt Höppner und erweckt damit den Eindruck, dass Job, Ehe und Kinder vielleicht doch nicht die schlimmsten Zukunftsaussichten sind, auch wenn er es als »bornierte[n] Eskapismus« (ebd.) bezeichnet. Gleichwohl ist ihm klar, dass es so nicht laufen wird. »Im richtigen Leben waren die Landungen härter« (ebd.).

Vergangenheit, Gegenwart, Zukunft

Die Frage nach dem Sinn des Lebens ist eng verbunden mit dem Thema Vergänglichkeit (der eigenen Vergänglichkeit, aber auch der Vergänglichkeit schöner Momente, die man eigentlich gerne für immer festhalten möchte, deren Einzigartigkeit sich aber ja gerade aus ihrer Flüchtigkeit speist), mit der Fähigkeit im Hier und Jetzt zu leben, mit dem persönlichen Verhältnis zur Zeit und dem Umgang mit der Zukunft, die als diffuse Verheißung über jedem Horizont schwebt und doch nicht wirklich zu greifen ist.

Wie sehr Höppner von den Gedanken an die Zukunft geplagt wird, zeigt sein Umgang mit dem Thema Musterung. Er ignoriert mehrere Vorladungen, weil er nicht weiß, was er machen soll. Einerseits möchte er auf keinen Fall zur Bundeswehr, andererseits will er auch nicht verweigern und Zivildienst machen. Er glaubt, bei dem obligatorischen Gespräch über die Gründe seiner Verweigerung nicht glaubhaft vermitteln zu können, dass er »ein Gewissen hätte, das es einem quasi unmöglich machte, ein normales Leben zu führen« (S. 134 f.), weil man nicht in der Lage sei, die Waffe gegen einen Menschen zu richten – egal, ob Feind oder Freund. Es erscheint ihm paradox, dass Frieder aufgrund seiner psychischen Verfassung vom Wehrdienst befreit ist. »Weil Frieder einmal sein Leben verkürzen wollte, bekam er jetzt 15 Monate gratis dazu« (S. 133). Als er dann der Musterung schließlich nicht mehr entgehen kann, verliert er sich in düsteren Zukunftsvisionen. »Sie würden mich einberufen, bevor ich nach Berlin abhauen konnte. Und dann? Erst Arrest, dann Knast« (S. 155). Er malt sich aus, im Gefängnis verprügelt und mit Klimmzügen gefoltert zu werden. Mit Kafkas *Prozess* und Dostojewskis *Schuld und Sühne* hält seine imaginäre Gefängnisbibliothek auch die passende Lektüre bereit.

■ Was soll werden?

Nach Berlin will er aber eigentlich auch nicht, es scheint ihm nur die einzige Option im Bundeswehrdilemma zu sein. »Eigentlich fand ich Berlin total scheiße. Die vielen Leute waren scheiße, die vollen Straßen waren scheiße, das Scheißwetter war scheiße, alles« (S. 135). Was er genau von seiner Zukunft, von seinem Leben will, weiß Höppner nicht, er weiß nur, dass es nicht »Birth, school, bummbumm, work, death« (S. 133) ist.

Endlichkeit mehrt den Wert

Die zentrale Bedeutung, die die gemeinsame Zeit im Auerhaus für seine Bewohner innehat, ist auch an ihre zeitliche Begrenztheit geknüpft. Nicht nur kommt sie durch ein einschneidendes Ereignis, Frieders Selbstmordversuch, überhaupt zustande, sie fällt auch mit einer entscheidenden Phase des Erwachsenwerdens zusammen. Höppner kann mit der von Anfang an feststehenden Endlichkeit des Auerhauses nicht besonders gut umgehen. Es fällt ihm schwer, das große Silvesterfest zu genießen, da er sich nicht von dem Gedanken lösen kann, es könnte ihr erstes und letztes gemeinsames Silvester sein (vgl. S. 123). Dabei ist es gerade die Singularität, die das Erlebte groß und bedeutsam macht. »Wir wussten ja seit langem, dass mit dem Auerhaus bald Schluss sein würde. Aber irgendwie hatten wir Schiss, dass noch schneller Schluss sein würde, wenn wir darüber sprachen« (S. 214), sagt Höppner kurz vor seinem Umzug nach Berlin. Frieders ebenfalls vielzitierte Metapher unterstreicht die Wehmut der beiden Protagonisten:

> »Du hast die Augen zu und treibst auf deiner Luftmatratze, ein sanfter Wind weht, und du denkst, geil, jetzt lebe ich für den Rest meines Lebens hier in dieser Lagune, in der Südsee. Und dann machst du die Augen auf und merkst, es ist bloß ein Nachmittag am Baggersee, und zack ist der auch schon vorbei« (ebd.).

Bewahren

Höppner versucht, die Auerhauszeit auf seine Art zu konservieren. Nicht nur, indem er von ihr erzählt, auch sein Ordner mit der Aufschrift »Das Gedächtnis der Menschheit« (S. 223) dokumentiert in Form der darin gesammelten Notizzettelchen aus der Auerhausküche sein Bemühen, die Erinnerung an diese so prägende Zeit zu bewahren. So gerne er wahrscheinlich auf ewig im Auerhaus gelebt hätte, so wenig sieht er etwas als gescheitert an, nur weil es zu Ende gegangen ist.

Das Ende ist nicht das Wichtigste

> »Als ob das Ende das Wichtigste wäre. Cäcilia hatte mal gesagt, die Ehe ihrer Eltern sei ›gescheitert‹. Ich fand das einen total bescheuerten Ausdruck. Cäcilias Eltern waren zwanzig Jahre verheiratet gewesen, und dann hatten sie sich eben scheiden lassen. […] Zwanzig gescheiterte Jahre? Dann musste man ja jedes Leben, das mit dem Tod endete, gescheitert nennen. ›Da er im Alter von 100 Jahren sanft entschlief, war sein ganzes Leben gescheitert‹« (S. 221).

Das Ende ist nicht das Wichtigste – dies ist auch der Grund, warum Höppner von Frieder nicht zuerst das Ende erzählt und seinem Kommentar ist zu entnehmen, dass er auch Frieders Leben nicht als gescheitert ansieht, nur weil es vorzeitig endete.

Bist du glücklich?

»Bist du eigentlich glücklich?« (S. 195), fragt Frau Höppner ihren Sohn. Völlig perplex und überrumpelt von dieser Frage, antwortet der nur: »Ich will mich jedenfalls nicht umbringen demnächst oder so. Ist das glücklich genug?« (S. 196). Diese Frage stellt eine Parallele zu Wolfgang Herrndorfs Roman *Tschick* dar, an dessen Ende die Mutter des Protagonisten Maik ihm ebendiese Frage stellt. Wie auch Frau Höppner ist Maiks Mutter nicht in der Lage, ihrem Sohn beim Erwachsenwerden eine Stütze zu sein oder ihn aktiv durch schwierige Lebensphasen zu begleiten. Indem sie diese Frage stellen, weisen die Mütter aber darauf hin, dass es letztlich genau das ist, worauf es im Leben ankommt. Nicht das Abhaken standardisierter Meilensteine auf der imaginären To-Do-Liste des Lebens zählt, und genau das spüren die Figuren in *Auerhaus*. Die Erfahrung von Freundschaft und Solidarität, des Füreinanderdaseins und die Geborgenheit, die sie sich gegenseitig geben, lassen sie in der gemeinsamen Zeit erfahren, was Glück sein kann und wie sinnhaftes Leben aussehen kann.

Worauf es ankommt

Die Einsamkeit, die Traurigkeit und andere Dämonen

Eine Schlüsselstelle des Romans ist sicherlich die nächtliche Heimfahrt vom Kino, auf der Frieder im Handschuhfach von Harrys Auto eine täuschend echte Pistolenattrappe findet und in deren Verlauf es zu einer für alle gefährlichen Verfolgungsjagd mit der Polizei kommt.

Harry und Frieder beginnen ein Spiel, in dem sie sich als Jäger von negativ besetzten Personen oder Gefühlszuständen inszenieren. Der Dachscheinwerfer des Autos sorgt für die richtige Ausleuchtung der nächtlichen Kulisse. »Die Büsche an der Straße warfen riesige Schatten auf die Bäume dahinter. Wie Zeichnungen in einem russischen Märchenfilm« (S. 181). Mit der Pistole zielt Frieder aus dem fahrenden Auto heraus auf die Schatten. Zunächst wird ein Lehrer symbolisch erschossen, dann sind Angst, Traurigkeit und Einsamkeit an der Reihe. »Harry rief: ›Da, der große mit den Zacken! Vorsicht, das ist die Angst!‹ Frieder rief: ›Peng!‹ ›Da, die Traurigkeit!‹ [...] ›Pengpeng!‹ ›Die Einsamkeit, die Einsamkeit, da, ganz dicht vor uns!‹« (S. 182). Die Einsamkeit ist besonders hartnäckig, aber schließlich funktioniert Frieder die Pistolenattrappe in ein Maschinengewehr um, und erlegt auch sie. Frieder lässt sich in dieser Szene von Harrys Draufgängertum mitreißen. »Harry hatte es drauf, das Elend zu erkennen und es, ohne einen Augenblick zu grübeln, sofort zu bekämpfen. Frieder ließ sich davon anstecken« (ebd.).

■ Mach kaputt, was dich kaputt macht

■ Fiktive und reale Schüsse

■ Darauf angelegt

Im richtigen Leben gelingt es Frieder jedoch nicht, seine Dämonen zu besiegen.

Es bleibt in dieser Nacht nicht bei der imaginierten Exekution von personifizierten Gefühlen. Frieder richtet seine Holzwaffe zunächst auf einen Fußgänger, dann, durch das offene Beifahrerfenster, auf einen Polizisten in einem neben ihnen an der Ampel wartenden Streifenwagen. Höppner schildert diesen Moment später, als seine Mutter ihn mit dem Zeitungsartikel über den Vorfall konfrontiert – natürlich nur für den Leser, nicht für seine Mutter.

> »Als er rübersah und bemerkte, wie Frieder in Zeitlupe den Arm aus dem Autofenster streckte und mit der Waffe auf ihn zielte, da gingen seine Augen weit auf. Er wusste, dass er im nächsten Moment sterben würde. […] Wir guckten in seine aufgerissenen Augen. Wir studierten den Gesichtsausdruck eines Menschen, der begriff, dass er gerade zum Tode verurteilt worden war und dass es keine Berufung mehr gab. Dass das Urteil noch im Gerichtssaal vollstreckt werden würde« (S. 197).

Angestachelt von Pauline »schießt« Frieder auf den Polizisten, der im nächsten Moment seine eigene, echte Waffe zückt. Harry drückt aufs Gaspedal und schießt mit dem Wagen davon, die Polizisten hinterher. Pauline, die sich in einem ähnlich wahnhaften Zustand befindet wie Frieder, fordert ihn nochmals dazu auf, zu schießen. »Frieder drehte sich um, rief:

›Kopf runter!‹, zielte nach hinten, über uns weg durch die Heckscheibe, rief: ›Peng! Pengpengpeng!‹« (S. 198). Die verfolgenden Polizisten reagieren mit einigen Warnschüssen und zwingen Harry schließlich zum Anhalten.

Obwohl sie unmittelbar nach diesen Geschehnissen die gegenseitige Nähe suchen und alle zusammen in Frieders Zimmer übernachten, entfernen sie sich auch voneinander, weil sie spüren, was hätte passieren können. »Auf einmal war jeder für sich allein. Im Haus war es tagelang absolut still, und ich ging herum wie ein Gespenst« (S. 186). Höppner kann diese Spannung kaum ertragen. »Es gab Tage, da war das Auerhaus schlimmer als eine Familie voller F2M2. Tage, an denen niemand mehr mit irgendwem redete« (S. 188). Als Frieder schließlich zugibt, es durch eine Provokation darauf angelegt zu haben, dass der Polizist schießt (vgl. S. 200), wird deutlich, dass es Frieder nie gelingen wird, seine Schatten loszuwerden. Vielleicht ist ihm das durch das symbolische Erschießen klargeworden.

Warum?

Frieder und Höppner verbringen sehr viel Zeit mit Reden, sprechen aber nie über die konkreten Gründe für seinen Suizidversuch. »Ich verstand nicht, warum sich einer umbringen wollte. Auch nach all den Wochen verstand ich es nicht. Also, irgendwie verstand ich es schon, aber ich verstand nicht, dass es einer wirklich versuchte« (S. 61). Höppner scheint die Einsamkeit, Ausweglosigkeit und Traurigkeit Frieders zwar irgendwie verstehen zu können, wirklich begreifen kann er seinen Todeswunsch aber nicht. Als er von Frieders Beerdigung erzählt, versucht Höppner nochmals, das Warum für sich fassbar zu machen.

> »Warum hatte Frieder sich damals umbringen wollen, beim ersten Mal? Je mehr ich mit ihm darüber geredet hatte, desto blasser war die Frage geworden. Bis sie quasi verschwunden war. Ich fand keine Antwort, aber die Frage war irgendwann weg. Hatte Frieder jetzt, beim gelungenen Suizid, die gleichen Gründe gehabt wie damals, als der Versuch missglückt war?« (S. 228 f.).

Seine nachfolgenden Überlegungen zeigen, dass er sich nie wirklich in Frieder hineinversetzen konnte, dass er – trotz seines eigenen einmaligen Versuches, sich mit Wodka im Schnee aus dem Leben zu trinken – nicht versteht, wie jemand seinem Leben tatsächlich freiwillig ein Ende setzen kann.

> »Wenn ich mich entscheiden musste, dann entschied ich mich doch lieber für die Möglichkeit, die mehr Möglichkeiten übrig ließ. Wenn ich mich heute nicht umbrachte, konnte ich mich morgen immer noch umbringen. Aber wenn ich mich heute umbrachte, dann konnte ich mich morgen nicht mehr umbringen. Eigentlich logisch« (S. 229).

Nur Andeutungen

Bjerg belässt es in seinem Roman bei Andeutungen in Bezug auf die Gründe für Frieders Todeswunsch: seine strenge, religiöse Erziehung, die ersten Kindheitsjahre in einem dunklen Zimmer ohne Fenster (vgl. S. 234), die dörfliche Enge, das Gefühl, anders zu sein (»Der Frieder war schon immer speziell. Das ist kein Bauer« (S. 150)), die fehlende Antwort auf die Frage nach dem Sinn des Lebens. Wie gern wäre er sorgenlos, würde unbeschwert in den Tag hineinleben (vgl. S. 55).

> »Es ist für mich sehr schwer zu sagen, warum jemand versucht, sich das Leben zu nehmen. Man kann das auf psychische Extremzustände schieben, aber es gibt genug andere Leute, die auch depressiv sind, aber nicht suizidgefährdet. [...] Warum Frieder im Buch das versucht, darüber kann man nur spekulieren«[14],

sagt er Autor selbst auf diese Frage.

Depressionen

Höppner weiß, was Depressionen sind, seine Mutter hat es ihm erklärt.

> »Das war, wenn einer bloß noch dasaß. Oder lag. Und nichts mehr tun konnte. Normalerweise führte ein Gedanke zum nächsten. Aber wenn man Depressionen hatte, führte kein Gedanke irgendwohin. Er hörte einfach auf. Ein Gehirn mit Depressionen, das war wie ein Fahrrad mit einem kaputten Tretlager. Man konnte strampeln, wie man wollte, aber man kam doch nicht vom Fleck« (S. 61).

14 Bov Bjerg im Gespräch mit Ute Wegmann (s. Anm. 1).

Frieder strampelt immer wieder, lässt sich von den anderen ein Stückchen auf ihren intakten Fahrrädern mitnehmen, schafft es aber am Ende doch nicht selbst in die Vorwärtsbewegung.

Gesetzesverstöße und moralische Grauzonen

Sei es der Diebstahl von Lebensmitteln, die »Verlängerung« von Busfahrkarten, das Spinnen von Lügengeschichten, das Schuleschwänzen, das Unterschriftenfälschen, der Drogenkonsum, das Dealen, die Prostitution, die Brandstiftung oder die verschiedenen Intermezzi mit der Polizeibehörde – die Liste der illegalen oder zumindest fragwürdigen Aktivitäten der Auerhaus-Bewohner ist lang.

■ Keine moralische Bewertung

Interessant ist, wie damit im Roman umgegangen wird. Höppner erzählt die Geschichte zwar rückblickend, so etwas wie eine gewisse ›Altersweisheit‹ oder eine kritische Betrachtung im Nachhinein lässt sich aber nicht ausmachen.

Während Vera von Anfang an als kleptomanisch beschrieben wird (»Vera klaute alles, was nicht niet- und nagelfest war« (S. 18)), wird Frieder erst von ihr auf die Idee gebracht, durch Diebstahl an Lebensmittel zu kommen, die sie sich sonst nicht leisten könnten (vgl. S. 63). Schnell perfektioniert Frieder seine Taktik, wird »vom einfachen Ladendieb zum Klauprofessor« (S. 85): Genaue Beobachtung der im Laden Anwesenden, eine präparierte Jacke, in deren Innenfutter unbemerkt Dinge verschwinden können, volle

Konzentration bei gleichzeitigem Anschein von gedanklicher Unbekümmertheit, freundlicher Blickkontakt zu den anderen Einkaufenden. Neben den kulinarischen und monetären Vorteilen scheint es für Frieder noch einen weiteren Antrieb zu geben, der ihn immer wieder auf Beutezug gehen lässt: »Wenn du aus dem Laden rauskommst, weißt du, was für ein Gefühl das ist? Du bist allmächtig!« (S. 80)

Gefühl der Allmacht

Höppner hat zwar zu Beginn Bedenken in Bezug auf das Stehlen, diese sind allerdings keinesfalls moralischer Art. Er hat lediglich Angst vor den Konsequenzen – davor, erwischt zu werden (vgl. ebd.). Ein Unrechtsbewusstsein scheint auch ihm fremd, schließlich fälscht er zuvor schon Unterschriften oder Monatskarten. »Es war nicht direkt Betrug. Wir verlängerten nur die Gültigkeit von Karten, die wir eh schon bezahlt hatten« (S. 62). Als er durch Frieders und Veras Training seine Feuerprobe im Ladendiebstahl erfolgreich besteht, überkommt ihn ebenfalls die Euphorie: »Ich hätte noch viel mehr umsonst bekommen können! [...] Die Welt stand mir offen. Klauen können, das war wie Radfahren können. Wie trampen. Umsonst bis ans Ende der Welt« (S. 86). Die Bezeichnung »umsonst bekommen«, die zuvor schon Frieder als Euphemismus für das Stehlen verwendet, hebt die moralische Unbekümmertheit nochmals hervor.

Der einzige Anflug eines schlechten Gewissens regt sich im Buchladen, als Frieder einen Straßenatlas mitgehen lässt. »Du klaust in einem Buchladen? Hast du sie noch alle?«, fragt der Erzähler, und Frieder entgegnet: »Ich hab's bloß geliehen. Wenn ich aus Berlin zurück bin, stell ich das Ding wieder ins Regal. Ich versprech's« (S. 216).

Drogen im Hühnerstall

Harry ist derjenige, der die Drogen mit ins Auerhaus bringt. Während die Freunde gerne mal zusammen einen Joint rauchen, dealt Harry allerdings auch. »Selber kiffen bringt nichts. Erst wenn andere für dich kiffen, dann wirst du reich« (S. 180). Seinen Vorrat lagert er im alten Hühnerstall des Hauses und kann von Glück sagen, dass die Polizei, die ihm ein unzufriedener Kunde auf den Hals gehetzt hat, dieses Versteck nicht findet. Obwohl besagter Polizeieinsatz für alle Bewohner Konsequenzen hat, da die Beamten nicht nur Höppners gestohlene Musterungsakte im Gefrierschrank finden, die Frieder mit ein paar Zeichnungen umgestaltet hat (»242 StGB, Diebstahl. 274, Urkundenunterdrückung. [...] 90a, Verunglimpfung des Staates und seiner Symbole. 267, Urkundenfälschung. 303, Sachbeschädigung« (S. 176)), sondern auch ein Fahndungsplakat entdecken, auf dem die Fotos der gesuchten mutmaßlichen Terroristen mit den Gesichtern der WG-Bewohner überklebt worden sind, ergänzt durch die durchgestrichenen Bilder unbeliebter verstorbener Prominenter (»189, Verunglimpfung des Andenkens Verstorbener. [...] 129a, Werbung für eine terroristische Vereinigung« (S. 177)), wird an keiner Stelle des Romans Kritik an Harry laut.

Keine Kritik an Harry

Auf den Polizeieinsatz folgt ein Gerichtsverfahren, in dessen Folge Höppner, Frieder, Vera und Pauline zu Sozialstunden verurteilt werden, Harry eine Bewährungsstrafe erhält und Cäcilia, die aufgrund der Hilfe ihrer reichen Eltern unbehelligt bleibt, aus dem Auerhaus auszieht – der Anfang vom Ende des Auerhauses ist eingeläutet.

Auch Harrys dritter Einnahmequelle neben dem Dealen und seiner Lehre als Elektriker stehen die übrigen WG-Bewohner unkritisch gegenüber. Dass er am Stuttgarter Bahnhof auf den Strich geht, ist für niemanden, außer für den Erzähler, der sich das schmerzhaft vorstellt, ein näheres Nachfragen wert – auch nicht für Vera, die ja mit Harry schläft.

Juristische Konsequenzen

Zwar müssen die Freunde, wie oben bereits angesprochen, die juristischen Konsequenzen für ihr Handeln tragen, eine moralische Aufarbeitung findet aber nicht statt. Weder unmittelbar nach der Verurteilung, noch bei ihrem späteren Wiedersehen auf Frieders Beerdigung oder außerhalb der erzählten Zeit durch einen Kommentar des Erzählers Höppner. Im Gegenteil, als der Anwalt von Cäcilias Eltern die Freunde als »randständige Jugendliche« (S. 212) mit schlechtem Einfluss bezeichnet, kommentiert der Erzähler: »›Randständige Jugendliche im Übergangsheim‹, das wäre ein guter Name für eine Punkband gewesen. Am Bass: Höppner Hühnerknecht« (ebd.). Auch beim Ableisten ihrer Sozialstunden im Altersheim machen sie sich vor den neugierigen Küchenhilfen mit Anspielungen auf die beiden RAF-Terroristen Andreas Baader und Gudrun Ensslin über ihre Verurteilung lustig: »›Sie wollten uns ja sogar drankriegen wegen Unterstützung einer terroristischen Vereini-

Mangelnde Ernsthaftigkeit

gung. Aber dafür müssen sie früher aufstehen, was Andreas?‹ Frieder sagte: ›Das kannst du laut sagen, Gudrun‹« (S. 213 f.).

Keine Differenzierung

Es wird nicht zwischen den in der Tat überzogen und lächerlich wirkenden Anklagepunkten rund um das Fahndungsplakat in der Küche und den ernstzunehmenden Vergehen wie Diebstahl und Drogenhandel unterschieden. Auch die Gefährdung der Polizisten und anderer unschuldiger Verkehrsteilnehmer durch die Verfolgungsjagd mit Harrys Auto wird nur in einem Nebensatz angerissen. »Niemand sollte erfahren, was für Idioten wir waren« (S. 183). Dieser Ausspruch Höppners bezieht sich allerdings möglicherweise auch nur auf die Gefahr, der sie sich dadurch selbst ausgesetzt haben. »Wir hätten alle tot sein können. Jedenfalls Frieder« (ebd.).

Motive

Obwohl die Protagonisten mehrfach grenzwertig handeln und die Grenzen auch überschreiten, fällt es schwer, den Protagonisten böse Absicht vorzuwerfen. Sie haben nie das Ziel, anderen zu schaden, es geht ihnen lediglich darum, sich selbst Erleichterung oder ein bisschen Luxus im Alltag zu verschaffen. Dabei wirken sie trotz ihres teilweise akribischen und geplanten Vorgehens wie z. B. beim Training des Ladendiebstahls immer irgendwie unbedarft und unbekümmert, was sie von gewöhnlichen Kriminellen unterscheidet. Selbst Harry, der sich am weitesten über die Grenze der Illegalität vorwagt, antwortet auf Veras Frage, warum er überhaupt deale, ganz nonchalant und wie selbstverständlich: »Anschaffen, das lohnt sich vielleicht noch zwei, drei Jahre. Ich muss auch an später denken« (S. 180).

Die Bewertung der fehlenden kritischen Reflexion, des fehlenden moralischen Zeigefingers obliegt hier dem Leser.

7. Autor und Zeit

Biographischer Überblick

■ Bürgerlicher Name

Bov Bjerg, der mit bürgerlichem Namen Rolf Böttcher heißt, wird 1965 in Heiningen, einer kleinen Gemeinde im Landkreis Göppingen in Baden-Württemberg, geboren. Sein Abitur macht er 1984 am Werner-Heisenberg-Gymnasium in Göppingen. Er studiert zunächst Linguistik und Politik in Berlin und Amsterdam, mit Mitte Dreißig entschließt sich Bjerg zu einem weiteren Studium und schreibt sich in Leipzig am deutschen Literaturinstitut ein.

■ Studium

■ Lesebühnenzeit

Bjerg verweigert 1984 den Wehrdienst und zieht nach Berlin, wo er seitdem, mit einigen kleineren Unterbrechungen, lebt. 1989 gründen Bjerg und einige Freunde die Literaturzeitschrift *Salbader.* In dieser Zeit entdeckt Bjerg auch die *Höhnende Wochenschau*, die als erste Lesebühne Berlins gilt und ihn zu der Gründung einer eigenen Lesebühne mit dem Namen *Dr. Seltsams Frühshoppen* inspiriert, die ihr Programm einmal wöchentlich in einem besetzten Haus darbietet. 1995 folgt die *Reformbühne Heim & Welt*, ein Jahr später die Kabarettgruppe *Mittwochsfazit* (1996–2008). Mit dem Ende des *Mittwochsfazits* endet auch Bjergs Lesebühnen- und Kabarettzeit – mit der Ausnahme eines kabarettistischen Jahresrückblicks, der jährlich im Dezember und Januar auf die Bühne kommt. Die Verlagerung der Konzentration hin zur Schriftstellerei erklärt Bjerg mit den Ein-

■ Konzentration auf Schriftstellerei

Abb. 4: Bov Bjerg. – © Milena Schlösser

schränkungen, denen man bei bühnentauglichen Texten unterliegt. »Sie sollten idealerweise eine bestimmte Gagdichte haben und zwar Gags, die sich auch beim Vorlesen schnell vermittelten. Also alles, was ein bisschen länger oder subtiler ist, hat es dann auf den Bühnen schwer. Das wurde mir auf eine Art zu eng.«[15]

Seinen Künstlernamen legt sich der Autor für seine Tätigkeit bei einem Satiremagazin zu – und behält ihn fortan.

»1975: Lobende Erwähnung beim Lego-Wettbewerb der Kreissparkasse Göppingen. Lange nix.«[16] So

Auszeichnungen

15 Bov Bjerg im Gespräch mit Ute Wegmann (s. Anm. 1).
16 Bov Bjerg (www.bjerg.de/bio.htm).

beginnt Bjerg auf seiner Homepage die Aufzählung seiner Auszeichnungen. 1996 gewinnt er dann gemeinsam mit Horst Evers den »Theodor W. Adorno Ähnlichkeitswettbewerb« der Satirezeitschrift *Titanic*. 2002 erhält er mit dem *Mittwochsfazit* den Deutschen Kabarettpreis, 2004 ist er mit der Kurzgeschichte *Howyadoin* Sieger beim MDR-Literaturwettbewerb.

Weitere Werke

Romandebüt

2008 *Deadline* (Roman): Bjergs Erstlingsroman erzählt von der technischen Übersetzerin Paula, deren Leben von Abgabeterminen und ihrem Perfektionswahn in Bezug auf die Suche nach der präzisesten aller Formulierungen bestimmt ist. Die fanatische Sprachseziererin begibt sich auf eine Reise in ihre Vergangenheit. Sie besucht den Ort ihrer Kindheit, begleitet von immer neu aufbrechenden Erinnerungen. »*Deadline* beschreibt ein Leben aus digital diktierten Etappen, gelebt von einem Körper, der in den letzten Jahrhunderten kaum Zeit fand, sich an die technischen Möglichkeiten seiner Verwertung anzupassen. Ein nervöser, sich selbst beschleunigender Roman über die Konkurrenz zwischen letzten Chancen und letzten Dingen«.[17]

Etwas über 200 Exemplare hat Bjerg von seinem Debütroman verkauft, die restliche Auflage wurde

17 Monika Rinck (www.bjerg.de/deadline.htm).

2013 bei einem Lagerhausbrand vernichtet. Als Hörbuch ist *Deadline* noch erhältlich.

2016 *Die Modernisierung meiner Mutter* (Geschichten): Dieser Band versammelt 22 Kurzgeschichten aus verschiedenen Jahrzehnten, die bis auf zwei an anderer Stelle und zu anderer Zeit bereits veröffentlicht worden sind – »Best of Bov«, wie es auf der Rückseite des Buches heißt. In einigen der Geschichten finden sich Bezüge zu *Auerhaus.* So ist beispielsweise der Protagonist der Geschichte *Der Onkel ist dann nach Amerika* möglicherweise Höppners Onkel, der einst den Grundstock für dessen Münzsammlung legte. »Dem Neffen schenkte der Onkel ein Münzalbum, rotes Kunstleder, und ein silbernes Zehnmarkstück (München 1972). Der Neffe hatte sich kein Zehnmarkstück gewünscht, jedenfalls keines, das man nicht ausgeben durfte. Der Onkel schenkte dem Neffen zu jedem Geburtstag eine Münze, die er nicht ausgeben durfte. [...] In der Verwandtschaft hieß es jetzt: ›Der Junge sammelt Münzen‹«.[18] Auf den ähnlichen Ton, mit dem sowohl in *Auerhaus* als auch in der *Modernisierung meiner Mutter* die ländlichen Strukturen geschildert werden, angesprochen, antwortet Bjerg: »Als ich die Geschichten noch einmal durchschaute, habe ich mich gewundert, wie sehr man sie als Vorstudien zu ›Auerhaus‹ nehmen kann. Als ob es eine logische Entwicklung sei, dass nach den Ge-

■ Vorstudien zu *Auerhaus*

18 Bov Bjerg, *Die Modernisierung meine Mutter*, Blumenbar, Berlin 2016, S. 44.

schichten der Roman kommt. Das war aber nie so geplant.«[19]

Kabarettistischer Jahresrückblick 2016 (gemeinsam mit Horst Evers, Hannes Heesch und Manfred Maurenbrecher): In dem Bühnenprogramm werden Geschichten, Songs und Parodien zum vergangenen Jahr vorgetragen. Politische Aktualität, aber auch Gags stehen dabei im Mittelpunkt.[20]

19 Overbeck (s. Anm. 6).
20 Vgl. Archiv Komödie / Theater am Kurfürstendamm: Kabarettistischer Jahresrückblick 2016. (www.komoedie-berlin.de/produktionen/der-kabarettistische-jahresrueckblick-2016.html).

8. Rezeption

»Sie brachten das Buch im Sommer 2015 heraus. Sommer, dachte ich, das heißt: Niemand glaubt daran, dass das Buch im Herbst eine Chance hätte. Sommer dachte ich, das heißt: Es sind eh alle im Urlaub. Keiner wird das mitbekommen. Aber, dachte ich, schön, dass es immerhin erscheint.«[21] Dies, so erinnert sich der Schriftsteller und Journalist Klaus Ungerer, waren seine ersten Gedanken, als er von seinem Bekannten Bov Bjerg von der bevorstehenden Veröffentlichung dessen Romans *Auerhaus* erfuhr.

Bestseller über Nacht

Zu diesem Zeitpunkt ahnte noch niemand, dass *Auerhaus* das Buch werden sollte, das Bov Bjerg zum Beststellerautoren machen würde. Urlaub und Sommer hin oder her – *Auerhaus* wurde bemerkt: Es folgte eine begeisterte Rezension nach der anderen. »Ein zauberschönes Buch über die Jugend – für jedes Alter«[22], rezensiert *Spiegel Online*, »[d]en Unterschied zwischen einem guten und einem anspruchsvollen Buch versteht man sofort, sobald man ein gutes in die Hände bekommt. Hier ist eines«[23], konstatiert die *Welt*.

Rezensionen

21 Ungerer (s. Anm. 7).

22 Tobias Becker, »Der Sommer ihres Lebens«, Rezension auf *Spiegel Online*, 15. 7. 2015. (http://www.spiegel.de/kultur/literatur/auerhaus-von-bov-bjerg-der-sommer-ihres-lebens-a-1043602.html).

23 Praschl (s. Anm. 4).

Besonders die Sprache des Romans wird in zahlreichen Besprechungen positiv hervorgehoben. »Es muss in diesem Sinne unbedingt erwähnt werden, dass Bjergs Roman nicht in den verkrampft aufgekratzten Jargon verfällt, in dem viele andere solcher literarischen Restaurationen von Jugend geschrieben sind und dabei meist so klingen, als hätten Moderatoren des Frühstücksfernsehens das Langenscheidt-Lexikon *Jugendsprache* verschluckt«[24], so der Rezensent von *Zeit Online*, David Hugendick. Auch *Spiegel Online* attestiert Bjerg neben einer warmherzigen Erzählweise eine »Sprache, die sich nie gebildeter gibt als seine jugendlichen Protagonisten«.[25] Es gelingt Bjerg nach Ansicht des *Welt*-Rezensenten Peter Praschl seine Worte richtig zu platzieren. »[A]lles, was falsch, überflüssig, bloßer Künstlerquatsch wäre, ist raus.«[26]

Als literarische Referenz wird oftmals Wolfgang Herrndorfs *Tschick* angeführt. Der Rezensent der *Süddeutschen Zeitung*, Alex Rühle, sieht die Gemeinsamkeiten der beiden Romane in der Abwesenheit von Kitsch und in einer Verdichtung des Textes, bei der »eine Art Essenz dieses Jugendgefühls übrig [bleibt], eine cinemascopische Lebenssehnsucht, die das Buch von innen durchtränkt.«[27]

24 David Hugendick, »Bitte nicht vor 18 sterben«, Rezension auf *Zeit Online*, 27. 11. 2015. (http://www.zeit.de/2015/48/auerhaus-bov-bjerg-coming-of-age-roman-jugend).
25 Becker (s. Anm. 22).
26 Praschl (s. Anm. 4).
27 Rühle (s. Anm. 12).

Abb. 5: Theateraufführung des Romans unter der Regie von Robert Gerloff. – ©Thomas Rabsch

Adaption für die Bühne

Der Dramaturg Robert Koall, der neben *Tschick* auch Werke von Erich Kästner oder Aldous Huxley auf die Bühne brachte, schrieb die Theaterfassung von *Auerhaus*. Die Uraufführung fand unter der Regie von Robert Gerloff am 7. Januar 2017 im Schauspielhaus Düsseldorf statt und erhielt größtenteils, aber nicht nur, lobende Kritiken. Laut Peter Claus von *Deutschlandradio Kultur* entspreche die kluge Inszenierung dem lakonischen, von bitterem Witz gekennzeichneten Ton des Romans und drücke erfreulicherweise in Bezug auf den Einsatz von technischen Spielereien nicht »auf die Tube«.[28] Für die *Süddeutsche*

28 Peter Claus, »Packende Bestseller-Adaption für die Bühne«, *Deutschlandradio Kultur*, 7. 1. 2017. (www.deutschlandradio-

Zeitung hingegen kommt die Bühnenfassung nicht an die literarische Vorlage heran. »Erzählt und gespielt wird 1:1 das Naheliegendste, bis der Geschichte sowohl Leichtigkeit als auch Tiefgang flöten gehen.«[29]

Geplante Verfilmung

Auch die Filmrechte an dem Roman sind bereits vergeben worden. Die Filmproduktionsgesellschaft Constantin Film wird *Auerhaus* auf die Leinwand bringen. Produzent Oliver Berben zeigt sich in einer Meldung des Unternehmens voller Vorfreude auf dieses neue Projekt. »›Auerhaus‹ ist ein umwerfendes Buch, das mich von der ersten Seite an begeistert hat. Die Geschichte über das Erwachsenwerden ist voller Humor und Herzenswärme. Die Charaktere einzigartig, wie die Sprache. Das ist perfekter Kinostoff.«[30]

Obwohl Bjerg am Drehbuch beteiligt ist, will er nicht allzu großen Einfluss nehmen: »Ich wünsche mir, dass der Film ein eigenständiges Werk wird.«[31]

Das Hörbuch zu *Auerhaus* wird von dem österreichischen Schauspieler Robert Stadlober [*Crazy, Engel & Joe, Krabat*] gelesen, der Bjerg auch auf einigen seiner Lesungen begleitet hat.

kultur.de/auerhaus-am-schauspiel-duesseldorf-packende-bestseller.1013.de.html?dram:article_id=375849).

29 Cornelia Fiedler, »Flachbau«, Theaterkritik in: *Süddeutsche Zeitung*, 9. 1. 2017. (www.sueddeutsche.de/kultur/theater-flachbau-1.3325422?reduced=true).

30 Oliver Berben, Constantin Film, 22. 4. 2016. (https://www.constantin-film.de/ueber-uns/meldungen/constantin-verfilmt-bestseller-auerhaus-22-04-2016/).

31 Ungerer (s. Anm. 7).

9. Wort- und Sacherläuterungen

12,10 f. **portablen:** tragbaren.

13,25 **Paneele:** Platte für Deckenverkleidungen.

14,10 f. **Ich wusste bloß, dass man nicht zur Bundeswehr musste, wenn man da wohnte:** Bis 1990 unterlagen Männer, die in West-Berlin wohnhaft waren, nicht der Wehrpflicht.

16,6 f. **Marxismus-Leninismus:** offizielle Staatsphilosophie in der ehemaligen Sowjetunion, basierend auf den Lehren von Karl Marx, Friedrich Engels und Wladimir Lenin.

16,13 f. **Reichsbahn:** Deutsche Reichsbahn; Name der Staatsbahn bis 1993.

20,16 **Sturm und Drang:** literarische Strömung innerhalb der Epoche der Aufklärung von 1767–85. Wesentliche Merkmale des Sturm und Drangs sind das Rebellieren gegen Autoritäten und überkommene Traditionen, der Geniekult, die Verehrung des Gefühls sowie der schöpferischen Kraft der Natur.

20,24 **Goethe, Werther:** Bei *Die Leiden des jungen Werthers* (1774, 1787 überarbeitet, wobei das Genitiv-s im Titel entfiel) handelt es sich um einen Briefroman von Johann Wolfgang Goethe. Er gilt als das Schlüsselwerk des Sturm und Drangs. Werther, der Protagonist des Romans, nimmt sich aufgrund einer unglücklichen Liebe das Leben.

24,12 **Krematorium:** Anlage zur Einäscherung von Leichen.

29,22 **Imiglykos:** halbsüßer griechischer Wein.

37,12 **Omegawolf:** im Rudel ein Wolf unterster Rangordnung, an dem die anderen Wölfe oftmals ihre angestauten Aggressionen auslassen.

38,17 **Struwwelpeter:** bekanntes Kinderbuch von Heinrich Hoffmann (1844), in dessen Geschichten gezeigt wird, dass unvorsichtige oder nachlässige Verhaltensweisen gravierende Folgen haben können. Eine Episode des *Struwwelpeters* handelt von Paulinchen, einem Mädchen, das verbotenerweise zuhause mit Zündhölzern herumspielt und sich am Ende selbst in Brand setzt.

44,10 f. **Pfirsich Melba:** Dessert auf der Basis von Pfirsich und Vanilleeis.

51,25 **Axiomen:** Ein Axiom ist ein als richtig erkannter Grundsatz, der keines Beweises mehr bedarf.

55,8 f. **Alexis Sorbas:** Name eines Films (1964), seiner Hauptfigur und auch des der Verfilmung zugrunde liegenden Romans (1946). Der Handlungsort ist Griechenland.

60,10 f. **Belgischer Kreisel:** Formation im Radsport, die besonders energieeffizientes Fahren ermöglicht.

60,14 **Peloton:** Begriff aus dem Radrennsport; bezeichnet das geschlossene Hauptfeld der Radfahrer.

67,1 **Birth, school, work, death:** Song der Alternative-Rock-Band *The Godfathers*, erschienen im Jahr 1988 auf dem gleichnamigen Album.

67,8 **Alfred Adler:** österreichischer Arzt und Psychotherapeut (1870–1937).

81,2 **Ludwig Erhard:** von 1963 bis 1966 zweiter Bundeskanzler der Bundesrepublik Deutschland, zuvor Bundesminister für Wirtschaft.

90,16 **Doris Day:** US-amerikanische Sängerin und Schauspielerin (geb. 1922 oder 1924).

90,23 **Whatever will be, will be:** *Que sera sera* (*whatever will be, will be*) lautet der Titelsong von Doris Days Fernsehserie *The Doris Day Show*, der auch von ihr selbst gesungen wird. Der Song, 1956 für den Hitchcock-Film *Der Mann, der zuviel wusste* geschrieben, wurde mit einem Oscar ausgezeichnet. Übersetzt bedeutet die Liedzeile, die als Antwort auf die Frage, was die Zukunft wohl bringen werde, gesungen wird, so viel wie »was sein wird, wird sein«.

98,12 **Feudalismus:** im Mittelalter etablierte Gesellschaftsordnung, in der die Herrschaft von den Grundbesitzern (Kaiser/König, Adel, Kirche) ausging. Im Zeitalter der Aufklärung verlor der Feudalismus durch das Erstarken des Bürgertums nach und nach seine Grundlage.

98,12 f. **Industriegesellschaft:** Gesellschaftsform mit starker Dominanz der Industrie im Vergleich zur Landwirtschaft. Kennzeichnend für die Industriegesellschaft ist die Verstädterung, da die Umstellung auf industrielle Produktion in Fabriken eine große Masse an Arbeitern erforderte, die vom Land in die Stadt zogen.

102,16 **tranchieren:** einen Braten fachgerecht zerlegen.

103,23 f. **Apotheker von Auschwitz:** Der Apotheker Victor Capesius (1907–1985) leitete die Apotheken der Konzentrationslager Dachau und Auschwitz. Nach dem Zweiten Weltkrieg arbeitete er zunächst in einer Apotheke in Stuttgart, später eröffnete er eine eigene Apotheke in Göppingen (die »Marktapotheke«, nicht wie hier die »Rathaus-Apotheke«). Aufgrund seiner Beteiligung an Kriegsverbrechen im KZ Auschwitz wurde Capesius zu neun Jahren Haft verurteilt.

118,6 **Konvois:** Gruppen von zusammengehörigen, hintereinanderfahrenden Autos.

122,14 **psychotisch:** Adjektiv von Psychose, einer schweren psychischen Störung, zu der Symptome wie Störungen des Denkens und Wahrnehmens gehören (Verfolgungswahn, Halluzinationen …).

122,21 **Jack Nicholson:** dreifach Oscar-prämierter US-amerikanischer Schauspieler und Produzent. Zu seinen größten Kino-Erfolgen gehören die Filme *Einer flog übers Kuckucksnest* (1975), *Shining* (1980), *Zeit der Zärtlichkeit* (1984) und *Besser geht's nicht* (1997; diesen Film konnten Frieder und Höppner also (noch) nicht kennen).

122,24 **Diffusion:** physikalischer Prozess, der zu gegenseitiger Durchdringung und Vermischung verschiedener Stoffe führt.

123,16 **The Final Countdown:** 1986 erschienener Song der schwedischen Rock-Band *Europe.*

129,25 **frühromanisch:** Romanik (ca. 950–1250), kunstgeschichtliche Epoche, deren Architektur sich durch Strenge, Klarheit und Symmetrie auszeichnet. Sie wird in drei Stilphasen eingeteilt: die Frühromanik, die Hochromanik und die Spätromanik.

131,1 **Alb:** Schwäbische Alb, Mittelgebirge in Süddeutschland.

132,18 **Po:** Fluss in Italien.

138,17 **Pattexbeet:** Pattex, starker Klebstoff der Marke Henkel.

145,19 **Anarchisten:** Anarchist, Anhänger des Anarchismus, einer Gesellschaftsform, die jede Form von Hierarchie und Staatsgewalt ablehnt und stattdessen Selbstbestimmung und Selbstverwirklichung propagiert.

145,19 f. **pedantisch:** übertrieben genau, fast schon kleinlich.

146,6 **Claus Schenk Graf von Stauffenberg:** Offizier der deutschen Wehrmacht, maßgeblich beteiligt am gescheiterten Attentat auf Hitler am 20. Juli 1944.

152,22 **Wachbataillon:** Verband der Bundeswehr, der für die Repräsentation der Bundesrepublik Deutschland bei verschiedenen staatlichen Anlässen, wie z. B. dem Besuch eines ausländischen Regierungschefs, zuständig ist.

156,5 **Kafka:** Franz Kafka (1883–1924), deutschsprachiger Schriftsteller. Bedeutende Werke: *Der Process, Das Schloss, Der Verschollene, Die Verwandlung.*

156,6 **Dostojewski:** Fjodor Michailowitsch Dostojewski (1821–1881), russischer Schriftsteller. Zu seinen Hauptwerken zählen die Romane *Schuld und Sühne, Der Idiot* und *Die Brüder Karamasow.*

159,17 **Faust II:** Fortsetzung von Goethes *Faust I*, die 20 Jahre nach Erscheinen des ersten Teils die Handlung letztlich vollendet und in einen Sinnzusammenhang stellt. Im ersten Teil der Tragödie lässt sich Faust auf einen Pakt mit dem Teufel (Mephisto) ein, der ihn von seiner quälenden Unzufriedenheit befreien soll. Im Gegenzug verspricht Faust Mephisto seine Seele. *Faust II* endet mit der Erlösung Fausts.

160,1 **Büchner:** Georg Büchner (1813–1837), deutscher

Schriftsteller, Naturwissenschaftler und Sozialrevolutionär. Bedeutende Werke: *Dantons Tod*, *Lenz*, *Leonce und Lena*, *Woyzeck*.

160,1 **Brecht:** Bertolt Brecht (1898–1956), deutscher Dichter und Dramatiker. Da seine Texte von den Nationalsozialisten verboten wurden, floh er über Schweden und Finnland in die USA und lebte dort im Exil. Er ist Begründer des epischen Theaters. Bedeutende Werke: *Die Dreigroschenoper*, *Mutter Courage und ihre Kinder*, *Leben des Galilei*, *Der gute Mensch von Sezuan*.

164,3 **Bredouille:** unangenehme Lage, Bedrängnis.

169,5 f. **imaginiert:** vorgestellt, eingebildet.

169,6 **konventionell:** den gesellschaftlichen Gepflogenheiten entsprechend.

169,6 **etabliert:** akzeptiert, im jeweiligen Umfeld anerkannt.

169,6 **borniert:** engstirnig, starrsinnig auf seinen Vorstellungen beharrend.

169,24 **Eskapismus:** Realitätsflucht.

179,19 **SEK:** Spezialeinsatzkommando der Polizei, das bei besonderen Gefahrensituationen zum Einsatz kommt (Terrorismus, Geiselnahmen, Razzien).

181,5 **deklamierte:** deklamieren, einen Text kunstgerecht, oft auch übertrieben vortragen.

203,9 f. **Michel aus Lönneberga:** Protagonist der Kinderbuchklassiker der schwedischen Schriftstellerin Astrid Lindgren, der für seinen Hang zu allerlei Schabernack bekannt ist.

203,18 f. **Laurie Anderson:** US-amerikanische Musikerin und Performancekünstlerin (geb. 1947), die bei ihren

Auftritten viel mit elektronischen Instrumenten, Projektionen und weiteren technischen Geräten arbeitet. Anderson erfand den Viophonographen, ein Instrument, bestehend aus dem Körper einer Violine und einer Schallplatte, dessen Musik über einen elektrischen Verstärker abgespielt wird.

208,18 f. **Lombard und Diskont:** Lombardsatz: Vergabe von Darlehen gegen Verpfändung von Wertpapieren oder leichtverkäuflichen Edelmetallen. Diskontsatz: Zinssatz, mit dem Banken Wechsel an die Bundesbank verkaufen können, um kurzfristig Geld zur Verfügung zu haben.

208,20 **Raiffeisen:** Friedrich Wilhelm Raiffeisen (1818–1888), Sozialreformer und Begründer der Raiffeisenorganisation, zu der z. B. die Raiffeisenbanken, aber auch verschiedene Warengenossenschaften gehören.

209,13 **Rädern und Vierteilen:** Hinrichtungsformen im Mittelalter und in der Frühen Neuzeit. Beim Rädern werden dem Verurteilten zunächst die Knochen gebrochen, damit sein Körper auf ein Rad geflochten werden kann. Anschließend wird der Tod durch Enthauptung, Erdrosseln oder Feuer herbeigeführt. Der Geräderte darf nicht bestattet werden und wird auf dem Rad der Verwesung anheimgegeben. Die Methode des Vierteilens ist ebenfalls wörtlich zu verstehen und meint das Abreißen von drei Gliedmaßen durch starken Zug an Armen und Beinen in unterschiedliche Richtungen, teilweise durch Zuhilfenahme von Pferden.

213,14 **Takelage:** Segelwerk eines Schiffes.

213,26/214,1 **Andreas … Gudrun:** Andreas Baader, Gudrun

Ensslin, Mitglieder der Rote Armee Fraktion (RAF), einer linksextremistischen Terrororganisation, die zwischen 1970 und 1998 in Deutschland aktiv war und zahlreiche Sprengstoffattentate, Banküberfälle und Morde verübte.

215,4 **Eternitplatten:** Platten aus Faserzement der Marke Eternit.

218,3 f. **Frühling lässt sein blaues Bla:** Anspielung auf einen Vers aus Eduard Mörikes Gedicht *Er ist's* (1832): »Frühling lässt sein blaues Band / Wieder flattern durch die Lüfte«.

10. Prüfungsaufgaben mit Lösungshinweisen

Literarische Charakteristik Frieder

Aufgabe

Charakterisieren Sie die Figur Frieders.

Lösungshinweise

1. Anforderungen an eine literarische Charakteristik allgemein:

In einer literarischen Charakteristik wird eine Figur eines literarischen Textes genau beschrieben und untersucht, um ihren Charakter und ihre Funktion, ihre Rolle innerhalb der Handlung verstehen, deuten und schlussendlich bewerten zu können.

Man unterscheidet zwischen einer direkten Charakterisierung, die durch Beschreibungen der Figur durch den Erzähler, andere Figuren oder die Figur selbst zustande kommt, und einer indirekten Charakterisierung, die beispielsweise durch das Verhalten oder bestimmte Äußerungen der Figur Rückschlüsse auf ihren Charakter zulässt.

In der Regel beginnt man eine Charakterisierung mit den äußeren, den augenscheinlichen Eigenschaften und Merkmalen einer Figur wie zum Beispiel Geschlecht, Alter, Aussehen, Beruf, Hobbies, soziale Stellung und Gewohnheiten. Vom Offensichtlichen arbeitet man sich zu den versteckteren Eigenschaften vor: Gefühle, Denkweisen, Einstellungen, Motive, Abneigungen, Sprache, Konfliktverhalten, Beziehung zu anderen Figuren und Entwicklung. Wichtig ist es, die charakterlichen »Graustufen« einer Figur aufzuspüren und nicht schlicht ihre positiven und negativen Eigenschaften einander gegenüberzustellen.

All diese Punkte werden im Hauptteil einer literarischen Charakteristik entfaltet. Vorangestellt werden muss natürlich eine Einleitung, die die wesentlichen Informationen (Autor, Titel, Erscheinungsjahr, Gattung, Thema, Stellenwert/Bedeutung der Figur) enthält, zusätzlich aber auch z. B. mit einem prägnanten Zitat der zu untersuchenden Figur gestaltet werden kann. Abgerundet wird die literarische Charakteristik durch einen Schlussteil, der eine persönliche, begründete Wertung der Figur enthalten sollte.

Alle Aussagen müssen am Text belegt werden.

2. Konkrete inhaltliche Aspekte für die Figur Frieders:

Grundsätzlich kann bei der Bearbeitung dieser Aufgabe auf die Ausführungen zur Figur Frieders in Kapitel 3 zurückgegriffen werden. Einige zentrale Punkte werden hier nochmals angesprochen.

Wichtig für die Charakterisierung Frieders ist die Berücksichtigung der Erzählsituation. Alles, was wir über Frieder erfahren, erfahren wir aus der Sicht des Ich-Erzählers Höppner. Er beschreibt seinen besten Freund nach dessen Tod so, wie er selbst ihn erlebt hat, es handelt sich also um eine subjektive Darstellung, nicht um objektive Gewissheit. Zudem gibt der Erzähler offen zu, Frieder nicht immer zu verstehen. »Ich wusste nicht, woran ich mit Frieder war. Wenn er mal traurig schien, war er vielleicht bloß müde. Wenn er mal fröhlich schien, war er vielleicht schon auf dem Absprung« (S. 78 f.).

Äußeres:

- Name: Frieder Wittlinger, Spitzname: Der Bauer (hilft seinen Eltern oft im Stall)
- Einzelkind
- 18 Jahre alt, besucht die Abschlussklasse des Gymnasiums, sehr guter Schüler, ohne dafür etwas tun zu müssen, intelligent
- Groß, kräftig gebaut, lange, dunkle, lockige Haare, auffälliges Lachen
- Wird aufgrund eines Suizidversuchs in die psychiatrische Klinik eingewiesen
- Zieht nach der Entlassung mit Freunden in eine WG (in das Haus seines verstorbenen Großvaters)
- Klaut Lebensmittel (vgl. z. B. S. 77)
- Kocht gerne für die WG
- Raucht und trinkt viel
- Spielt gerne Federball, fährt viel Fahrrad
- Hat schauspielerisches Talent
- Zieht nach dem Ende der Auerhauszeit in eine Kleinstadt in Hessen und beginnt eine Lehre als Fahrradmechaniker
- Begeht schlussendlich Selbstmord

Inneres:

- Leidet an Depressionen (vgl. S. 61)
- Hinweise auf traumatische Erlebnisse in der Kindheit: Nach seiner Beerdigung erzählt Vera, dass der sogenannte »Darkroom« (vgl. S. 113), ein fensterloser, klaustrophobisch anmutender Raum im Auerhaus, Frieders Kinderzimmer gewesen ist (vgl. S. 234). Vgl. hierzu auch Frieders Reaktion auf den Vorschlag Höppners, den Darkroom bewohnbar zu machen (vgl. S. 114)
- Fühlt sich von seinen Eltern nicht verstanden. »›Meine Eltern sind stolz darauf, dass ich aufs Gymnasium gehe. Und wenn ich mal zum Mond fliege, sind sie auch darauf stolz. Aber sie werden es nicht verstehen.‹ ›Was?‹ ›Wie sich die Schwerelosigkeit anfühlt. Wie die Welt von oben aussieht.‹« (vgl. S. 69)
- Seine Stimmungslage wechselt zwischen unternehmungslustig und nahezu ausgelassen (z. B. auf der Silvesterparty (vgl. S. 122) oder bei seiner Schauspieleinlage im Musterungsbüro (vgl. S. 153 ff.)) und nachdenklich, in sich versunken, melancholisch (sitzt alleine schweigend am Küchentisch (vgl. S. 96, hier geht seiner stillen Traurigkeit ein heiterer Abend mit Höppner voraus, und S. 115)
- Zu Frieders Sprache s. Kap. 4, S. 68 f.)

Entscheidend für das Erfassen der Figur Frieders ist ihre Bedeutung für die gesamte Handlung. Ohne Frieders Suizidversuch und das Bemühen seiner Freunde, sein Leben zu retten, hätte es das Auerhaus nie gegeben, hätte es diese Zeit des sich Ausprobierens in diesem temporär autonomen Raum, den die WG für ihre Bewohner darstellt, nie gegeben. Auch wenn Höppner der Erzähler ist, Frieder kommt die Schlüsselrolle des Romans zu. Ohne ihn gäbe es nichts zu erzählen. Ohne ihn hätten die Freunde so nicht zusammengefunden (auch Harry und Pauline sind Bekannte von Frieder und stoßen so zur WG dazu).

Interpretation eines Zitats

Aufgabe

Auf Seite 214 sagt Frieder:

> »Du hast die Augen zu und treibst auf deiner Luftmatratze, ein sanfter Wind weht, und du denkst, geil, jetzt lebe ich für den Rest meines Lebens hier in dieser Lagune, in der Südsee. Und dann machst du die Augen auf und merkst, es ist bloß ein Nachmittag am Baggersee, und zack ist der auch schon vorbei.«

Analysieren und interpretieren Sie das Bild, das Frieder hier zeichnet, vor dem Hintergrund der gesamten Romanhandlung.

Lösungshinweise

- Erläuterung des Zitates und Verortung im Romanzusammenhang
- Entschlüsselung der Bildlichkeit und Übertragung auf das zentrale Thema des Romans: die Suche nach einer

Möglichkeit, dem eigenen Leben einen Sinn zu geben, der über das als unbefriedigend empfundene Abhaken der Punkte »Birth, school, work, death« (S. 67) beziehungsweise Heiraten und Kinderkriegen (vgl. ebd.) hinausgeht bei gleichzeitigem Bewusstsein für die Vergänglichkeit und Flüchtigkeit derjenigen Momente, die man sich wünscht, auf ewig festhalten zu können. Das Auerhaus stellt für seine Bewohner eine mögliche Alternative zum vorgezeichneten, uniformen Lebenslauf ihrer Mitschüler dar, ist aber von Anbeginn durch zeitliche Begrenztheit charakterisiert. Allen ist klar, dass es sich nur um einen temporären Fluchtort handelt, dass sie nur so tun, als wäre das Auerhaus schon das echte Leben (vgl. S. 214). Die Flüchtigkeit dieser Zeit, den Kontrast von Traum und Realität bringt Frieder in seinem Bild von Südsee und Baggersee metaphorisch zum Ausdruck.

Erörterung eines literarischen Textes

Aufgabe

»So schwer die Verantwortung [für Frieder] wiegt, so verantwortungslos verhalten sich die Freunde in allen anderen Lebenslagen«[1], schreibt der Redakteur des *Spiegel*, Tobias Becker, in seiner Rezension. Bjerg hingegen äußert sich ganz anders zum Thema Verantwortung im Roman: »Es ist ja doch auch erstaunlich, wie die sechs Jugendlichen nicht nur füreinander verantwortlich sind, sondern auch ihr alltägliches Leben im Griff haben. Sie gehen zur Schule, machen Abitur, oder auch nicht. Es ist nicht so, dass alles zusammenbricht und sich in Verantwortungslosigkeit auflöst«.[2]

Erörtern Sie, ausgehend von Ihrer Kenntnis des Romans, inwieweit Sie welcher These zustimmen können.

1 Tobias Becker, »Der Sommer ihres Lebens«, Rezension auf *Spiegel Online*, 15.7.2015.
2 Bov Bjerg im Gespräch mit Ute Wegmann: »Warum jemand versucht, sich das Leben zu nehmen, ist schwer zu sagen«, *Deutschlandfunk*, 20.2.2016.

Lösungshinweise

Bei einer Erörterung besteht die Möglichkeit, einer These vollständig oder teilweise zuzustimmen beziehungsweise sie gänzlich abzulehnen. Es muss zunächst auf der Grundlage des Textes analysiert werden, welche Argumente und Beispiele die beiden Autoren zur Stützung ihrer jeweiligen These heranziehen könnten, in einem zweiten Schritt werden diese dann bestätigt oder widerlegt.

Zwei Dinge gilt es sich vor der Bearbeitung bewusst zu machen:

1. Bei Zitat Nummer 1 muss genau gelesen werden: Der Rezensent des *Spiegels* spricht von »allen anderen Lebenslagen« und fällt somit ein kategorisches Urteil.
2. Die persönliche Ansicht des Autors ist, obwohl dieser das Buch geschrieben hat, nicht automatisch Gesetz.

Der literarische Text steht für sich, es gibt nicht die eine wahre, einzig richtige Interpretation.
Die Aufgabenstellung erfordert das eigenständige Formulieren eines Textverständnisses, in das persönliche Leseerfahrungen und alternative Lesarten einbezogen und auf der Grundlage der eigenen Analyseergebnisse begründet werden.

Überprüfung der Thesen:

Pro Verantwortungslosgkeit:

- Trainieren und perfektionieren das Stehlen von Lebensmitteln (vgl. S. 82 f.)
- Schwänzen nach Bedarf die Schule (vgl. S. 14)
- Fälschen die Gültigkeit der Monatskarten für den Bus (vgl. S. 62)
- Nehmen mit Pauline eine Brandstifterin bei sich auf und lassen sie ausgerechnet auf dem Heuboden schlafen (vgl. S. 112 f.)
- Beherbergen mit Harry einen Drogen-Dealer (vgl. ebd.), der mit Junkies verkehrt
- Harry lagert seine Drogen im Hühnerstall des Auerhauses
- Höppner kommt zu seinem Deutsch-Abitur zu spät, weil er gemeinsam mit dem Erste Hilfe leistenden Soldaten wegen eines bewusstlosen Obdachlosen auf den Krankenwagen wartet, obwohl seine Anwesenheit nicht mehr nötig gewesen wäre (vgl. S. 159 ff.)
- Liefern sich eine Verfolgungsjagd mit der Polizei (vgl. S. 183 und 197 f.)

- Stehlen eine Musterungsakte (vgl. S. 157)
- Trinken mit Frieder, der versucht hat, sich mit Wein und Schlaftabletten das Leben zu nehmen, regelmäßig größere Mengen Alkohol (vgl. z. B. S. 91 und 110)
- Konsumieren Drogen (vgl. z. B. S. 126)

Contra Verantwortungslosigkeit:

- Ziehen mit Frieder zusammen, um ihm nach seinem Suizidversuch ins Leben zurückzuhelfen
- Zeigen sich gegenüber Pauline, die kein Zuhause hat, solidarisch und nehmen sie vorurteilsfrei bei sich auf (vgl. S. 112)
- Selbiges gilt in Bezug auf Harry, der Unterschlupf im Auerhaus sucht, als er sich seinem Vater gegenüber als homosexuell geoutet hat (vgl. S. ebd.)
- Höppner fühlt sich verantwortlich, einem bewusstlosen Obdachlosen zu helfen, obwohl er dadurch zu seinem Deutsch-Abitur zu spät kommt (vgl. S. 159 ff.)
- Höppner hilft ehrenamtlich beim Weihnachtsessen für Obdachlose aus (vgl. S. 101 ff.)
- Es herrscht Gleichberechtigung: Jeder muss einen Beitrag zur WG-Kasse leisten (daher lernt Höppner entgegen seiner anfänglichen Abneigung das Stehlen von Lebensmitteln) (vgl. S. 79)

11. Literaturhinweise/Medienempfehlungen

Auf der Homepage zum Buch (www.auerhaus.de) findet sich eine Playlist zum Roman, die über den Musikstreaming-Dienst *Spotify* abgespielt werden kann. Sie enthält 52 Titel, darunter natürlich *Our House*, einmal in der eigens für den Roman aufgenommenen Version von Robert Stadlober und Andreas Spechtl und einmal in der Originalversion von *Madness*:

»Father wears his Sunday best / Mother's tired she needs a rest
The kids are playing up downstairs / Sisters's sighing in her sleep /
Brother's got a date to keep / He can't hand around.

Our House, in the middle of our street
Our house, in the middle of our …«

Auch *Birth, School, Work, Death* von *The Godfathers* und *Que sera sera* von Doris Day fehlen nicht (»Ich hatte die Augen geschlossen. Ich sah es ganz deutlich: Die Küchentür ging auf. Da stand Doris Day in einem grünen Kostüm. […] Sie lächelte. Keck. Sie nahm Harry die leere Weinflasche aus der Hand und fing an, den Plätzchenteig auszurollen. Dabei sang sie leise: ›Whatever will be, will be‹« (S. 90)).

Neben den explizit im Roman erwähnten Songs und Interpreten (darunter auch Laurie Anderson) finden auch Titel von Rio Reiser (*Alles Lüge*), Alice Cooper (*I love the*

Dead), The Doors (*The End*) oder Bob Dylan (*Death Is Not the End*) Eingang in den Soundtrack zum Buch.

Bücher von Bov Bjerg

Bov Bjerg: *Deadline.* Halle: Mitteldeutscher Verlag, 2008 (vergriffen). Als Hörbuch erhältlich: Gelesen von Bov Bjerg. Berlin: Silberblick-Musik, 2008.

Bov Bjerg: *Die Modernisierung meiner Mutter.* Berlin: Blumenbar Verlag, 2016.

Bearbeitungen von Auerhaus

Auerhaus als Hörbuch: Gelesen von Robert Stadlober. Berlin: Aufbau Verlag / Audible, 2015. Dauer: 4 Stunden, 42 Minuten.

Auerhaus als Hörspiel: Sprecher: Christoph Letkowski, Anton Weil, Lisa Hrdina u. v. a. Berlin: Der Audio Verlag, 2017. Dauer: 59 Minuten.

Auerhaus auf der Bühne: Bearbeitet von Robert Koall. Uraufführung (Regie: Robert Gerloff) am 7. Januar 2017 im Schauspielhaus Düsseldorf.

12. Zentrale Begriffe und Definitionen

Autor: Der reale Autor (hier: Bov Bjerg) ist vom fiktiven Erzähler (hier: Höppner) strikt zu unterscheiden. Der Erzähler ist vom Autor erfunden worden, um eine Geschichte zu präsentieren. Natürlich kann der Autor seinen Erzähler dazu nutzen, seine eigene Einstellung zum Erzählten zu vermitteln, davon darf aber nicht per se ausgegangen werden.

➤ S. 9, 59, 71–73, 91, 98–100

Coming-of-Age: Der Begriff bedeutet übersetzt Erwachsenwerden oder Heranwachsen. Romane oder Filme, die als Coming-of-Age-Geschichte bezeichnet werden, thematisieren die Entwicklung eines meist noch jungen und unerfahrenen Protagonisten, der sich zum ersten Mal in seinem Leben mit den grundsätzlichen Fragen der menschlichen Existenz konfrontiert sieht.

➤ S. 58 f., 104

Erzählform: Man unterscheidet zwischen dem Ich-Erzähler und dem Er-/Sie-Erzähler. Der Ich-Erzähler gehört der Figurenwelt an und erzählt eine Geschichte, die er selbst erlebt hat. Der Er-/Sie-Erzähler hingegen ist nicht Teil der Figurenwelt, er erzählt eine Geschichte, an der er selbst nicht direkt beteiligt ist. *Auerhaus* wird von einem Ich-Erzähler erzählt, der Teil der Geschichte ist, sie selbst erlebt hat und aus seiner Sicht davon erzählt.

Ich-Erzähler	• gehört der Figurenwelt an • erzählt eine Geschichte, die er selbst erlebt hat

Er-/Sie-Erzähler	• ist nicht Teil der Figurenwelt • erzählt eine Geschichte, in die er selbst nicht direkt involviert ist

➤ S. 62

Erzählhaltung: Einstellung des Erzählers zu den Figuren oder zur erzählten Handlung. Sie kann neutral, aber auch auf verschiedene Weise wertend sein: zustimmend, ablehnend, skeptisch, ironisierend, humorvoll. Obwohl Höppner viele Dinge unkommentiert wiedergibt beziehungsweise stehen lässt, nimmt er keine neutrale Erzählhaltung ein. Oftmals traut er sich zwar nicht, seine Empfindungen auszusprechen, dem Leser teilt er sie aber mit. »Ich dachte: Weißt du überhaupt, was du mir für einen Schreck eingejagt hast, du Arschloch? Aber ich traute mich nicht, ihn zu beschimpfen« (S. 43 f.).

➤ S. 62

Erzählte Zeit: Bezeichnet die Zeitspanne, die ein epischer Text beinhaltet. Gemeint ist also die fiktive Dauer der erzählten Handlung. In *Auerhaus* umfasst die erzählte Zeit circa eineinhalb Jahre.

➤ S. 61

Erzählverhalten: Man unterscheidet zwischen auktorialem, personalem und neutralem Erzählverhalten. Der auktoriale Erzähler überblickt das Geschehen, kennt die Gedanken und Gefühle der Figuren. Er nimmt einen allwissenden Standort ein. Er bewertet und kommentiert das Geschehen, leitet den Leser mit Hinweisen, Vorausdeutungen oder Rückblicken.

Beim personalen Erzählverhalten übernimmt der Erzähler

die Sicht einer der handelnden Figuren. Seine Darstellung ist darauf beschränkt, was diese Figur wissen, sehen, hören oder fühlen kann. Der Leser erlebt das Geschehen scheinbar unmittelbar aus der Sicht dieser Figur. Wird rückblickend erzählt, kann auch der personale Erzähler mehr wissen, als seine Figur es im Moment des Erlebens konnte, er ist dennoch in Bezug auf die anderen Figuren auf die Außensicht beschränkt. In *Auerhaus* liegt personales Erzählverhalten vor. Höppner, der Erzähler, ist Teil des Geschehens und vermittelt dem Leser die Ereignisse aus seiner Sicht.

Der neutrale Erzähler hingegen stellt das Geschehen als unbeteiligter Beobachter dar. Er ist distanziert und erzählt objektiv und sachlich, konzentriert sich auf äußerlich wahrnehmbare Vorgänge. Gedanken und Empfindungen von Figuren finden nur Eingang in sein Erzählen, soweit sie äußerlich erkennbar sind. Seine Erzählung ist frei von Wertungen und Einmischungen.

Auktoriales Erzählverhalten	• überblickt das gesamte Geschehen (allwissender Erzählerstandort) • kennt die Gedanken und Gefühle der Figuren • greift mit Rückblicken oder Vorausdeutungen in das Geschehen ein und leitet den Leser
Personales Erzählverhalten	• übernimmt die Sicht einer der handelnden Figuren • Darstellung ist beschränkt darauf, was diese Figur wissen, sehen, hören oder fühlen kann • Leser erlebt das Geschehen unmittelbar aus der Sicht dieser Figur

Neutrales Erzählverhalten	• unbeteiligter Beobachter • erzählt distanziert und objektiv, keine Wertungen und Einmischungen • konzentriert sich auf äußerlich wahrnehmbare Vorgänge (schildert Gedanken und Empfindungen von Figuren nur, soweit sie für einen außenstehenden Beobachter erkennbar sind)

➤ S. 62–64

Erzählzeit: Bezeichnet die Zeit, die der Leser braucht, um das Werk tatsächlich zu lesen. Ist die erzählte Zeit länger als die Erzählzeit, spricht man von zeitraffendem Erzählen. Dies ist bei *Auerhaus* der Fall.

➤ S. 61

Metapher: bildhafter Ausdruck, Übertragung eines Wortes von seinem eigentlichen Bedeutungszusammenhang in einen anderen. Zwei Bereiche, die augenscheinlich nichts miteinander zu tun haben, werden ohne Vergleichswort miteinander verbunden und kreieren so eine bildhafte Umschreibung. Beispiel: »Wüstenschiff« für »Kamel«, »gebrochenes Herz« für »Liebeskummer«. Die Metapher ist ein sehr häufig zum Einsatz kommendes Stilmittel in literarischen Texten aller Art.

➤ S. 84, 120

Parataxe: Ein parataktischer Satzbau zeichnet sich durch die Aneinanderreihung von Hauptsätzen, Wortgruppen oder Wörtern, die als gleichwertige Teile zu betrachten sind, aus. Sie werden durch Satzzeichen (Punkte, Kommas, Semikolons, Gedankenstriche) oder durch nebenordnende

Konjunktionen (z. B. »und«, »oder«) voneinander getrennt. Es entsteht ein Aufzählungscharakter. Ein Beispiel für einen parataktischen Satzbau ist diese Beobachtung Höppners: »Sonne fiel auf gelbes Laub. Das Laub leuchtete. Das sah aus wie Löcher im Rasen. Als ob die Sonne von unten schien. Aus der Hölle oder so« (S. 47).
Das Gegenstück zur Parataxe ist die Hypotaxe, die einen verschachtelten, aus vielen Nebensätzen (eingeleitet durch unterordnende Konjunktionen wie z. B. »weil«, »da«, »obwohl«) bestehenden Satzbau bezeichnet.

➤ S. 67

Protagonist: Hauptfigur eines literarischen Werkes, Films oder Theaterstückes.

➤ S. 84, 86, 96, 101, 104

Retrospektive: Rückblick. Höppner erzählt die Geschichte seines Freundes Frieder und der gemeinsamen Zeit im Auerhaus rückblickend. Ein genauer Erzählzeitpunkt wird nicht genannt, es lässt sich aber vermuten, dass er immer noch ein junger Mann ist, also noch nicht so weit weg von dem Erlebten.

➤ S. 62

Symbol: ein Zeichen, das auf etwas anderes als sich selbst verweist, also etwas nicht unmittelbar Wahrnehmbares veranschaulicht. In einem Symbol verdichtet sich eine Erfahrung oder ein Erlebnis, es steht stellvertretend für eine Idee. Es gibt Symbole, die mit einer eindeutigen Aussage verknüpft sind (»vierblättriges Kleeblatt« = Glück), oftmals gibt es aber verschiedene Deutungsmöglichkeiten für Symbole, da sie im jeweiligen Kontext zu sehen sind.

➤ S. 79, 87, 89, 94

Symbolraum: Ein dargestellter Raum enthält symbolische, tiefere sinnbildliche Bedeutung. Diese symbolische Bedeutung kann ergänzend oder konträr zu der wirklichen Bedeutung eines Raumes sein. Das Auerhaus ist sowohl ein realer Handlungs- und Lebensraum für seine Bewohner, ein Haus, in dem geschlafen und gegessen wird, als auch mit symbolischer Bedeutung behaftet, indem es eine Schutzzone darstellt, die für jeden Bewohner anders gestaltet ist.

➤ S. 75